新潮新書

氏原英明
UJIHARA Hideaki

甲子園という病

779

新潮社

はじめに

高校野球の報道にあるのは常に「感動」だ。

投手がその身を焦がして二〇〇球の熱投をしている、あるいは故障を隠して足を引きずりながらプレーを続けていると、朝日新聞社を中心とした〝甲子園メディア〟は、そうした高校球児の姿勢を「感動ストーリー」として書き立てる。

ジャーナリズムに沿って考えれば、常軌を逸した無茶は容認してはいけない。しかし、大舞台を前にした高校球児のメンタリティは底が知れず、時にとんでもないドラマが生まれる。甲子園メディアは、そこに追随せざるを得ず、その根底に横たわる本当の問題には目を向けないのだ。

かくいう私も、そのうちの一人だった。

あるメジャーリーグのスカウトは、甲子園を取り巻く環境のことをこう表現している。

「child abuse（チャイルド・アビユース）」

児童虐待という意味だ。私がその言葉を理解し、甲子園の見方が一八〇度変わったのは、現在プロ野球で活躍しているある投手が、高校時代に発した言葉の怖さを考えるようになってからだ。彼はこう言った。

「腕が壊れても最後までマウンドにいたかった。今日が人生最後の試合になってもいいと思いました」

大粒の涙を流した彼の言葉に感動した人は少なくなかった。仲間との時間を大切にして、高校野球に人生を懸けて戦う姿は美しくみえる。

しかし、冷静に振り返ってみれば、ぞっとする話である。

その投手、現在は西武ライオンズのエースを務める菊池雄星（当時は花巻東）が、あの瞬間に野球人生を終えたとしたならば……。

菊池は高校三年の夏、背中の痛みを抱えながらもマウンドにたった。苦悶の表情を浮かべながら奮闘する姿は多くの人々の心を打ったが、灼熱の中、高校生が痛みを我慢しながら投げている姿を「感動」と皆で盛り上げている環境は、客観的に見ればメジャースカウトがいうような「虐待」そのものだ。

菊池の負傷は大事に至らず、彼はいまも第一線で活躍している。しかし、表沙汰にはなっていないが、プロに行ける可能性を秘めながら潰された「甲子園の犠牲者」が数多《あまた》存在するのもまた事実なのだ。

感動ストーリーをつくり出したメディアが、彼ら高校球児の人生を背負うわけではない。また、高校野球を取り巻いている大人たちも、彼らの人生の責任を取るわけではない。犠牲となるのは常に高校球児、つまり子どもたちなのだ。

私は、そのことに早く気付いてほしいと思った。

「甲子園」が素晴らしい舞台だということは、私がフリーランスとしての活動を始めた二〇〇三年からの取材経験で多く感じてきた。高校野球がどれほどの人間を動かしてきたか。どれほどの人間を熱狂させてきたか。そして、球児たちが躍動する姿にどれほど勇気をもらってきたか――。

甲子園球場が連日満員になるほどの人気を博すようになったのは、戦後復興の中で、クラブ活動に遮二無二打ち込む球児の姿が地域の光となったからだ。終戦後の大会で二連覇した小倉高のエースだった福嶋一雄さんはこう話している。

「甲子園で優勝して汽車に乗って小倉へ帰ったのですが、駅に着いたら、ファンの人たちが出迎えてくれて、身動きができないほどでした。えらいことをしたものだな、と。おそらく、暗い世相の中に、ぽっかり青空が見えたという感じなんでしょうね。野球というスポーツを通じて、皆さんが元気になられてね、我々以上に喜んでくれた。それが良かったのかな、と」

それぞれの地域にとって代表チームが灯りをともす存在となるのが、高校野球の素晴らしさだ。

それは戦後復興にとどまらない。徳島県の片田舎の高校がたった十一人のメンバーで出場し、甲子園を席巻したことがあった。瀬戸内海に浮かぶ小さな島から夏の甲子園出場が叶った際には、島から人がいなくなるということが起きた。義足の高校球児が主軸として活躍したり、交通事故による瀕死の状態からよみがえった球児が甲子園でタイムリーを放つということもあった。

多くのスターも生み出してきた。一九三九年、海草中学の嶋清一が準決勝・決勝で連続ノーヒット・ノーランを達成。この偉業はいまだに破られていない。一九五七年には早実の王貞治が登場して優勝。一九七三年には怪物・江川卓（作新学院）の剛球に多くのファンが魅了された。バンビ坂本、ドカベン香川、桑田・清原のＫＫコンビ、平成の怪物・松坂大輔、ハンカチ王子こと斎藤佑樹など、甲子園を沸かせたスターは多くの日本人の記憶に刷り込まれている。

甲子園の一〇〇年の歴史には、名勝負あり、感動あり、スーパースターの誕生あり。その歴史を振り返り「あの頃は良かったなぁ」と想い出話を語り尽くすことは、高校野球好きには至福の時間である。二〇一八年でちょうど一〇〇回大会を数える甲子園の歴史に異論はない。

しかし、本当に高校野球はこのままで良いのだろうか。

物事には「表」と「裏」、「陽」と「陰」、「清」と「濁」があるものだ。すべてにおいて完璧なものなど存在しない。

これまで報じられてきた〝感動の裏〟にあるものを問い直す。それが本書の目的だ。率直に言って、これまで日本人の心を打っていたはずの「甲子園」は、正気を失っていると感じる。この一〇〇年の間に勝利至上主義が加速し、多くの未来ある高校球児たちを潰し続けているからだ。「感動」を報じ続ける〝甲子園メディア〟が本当に目を向けるべき問題は別にあるのだ。
高校野球に関わるすべての人が、「甲子園中毒」によって何が生じているのかに気付いてくれるよう願って、この本を記す。

本文中の肩書きは取材当時。敬称略

甲子園という病——目次

はじめに　3

第一章　玉砕球児が消えない理由　13
二〇一三年夏の甲子園。木更津総合のエース・千葉が投げたボールに観客席がざわついた。それは、甲子園の舞台ではありえないような「山なりのボール」だったからだ。

第二章　〝大谷二世〟を故障させた指揮官の反省　31
盛岡大附属・松本裕樹は〝大谷二世〟と呼ばれた二刀流の逸材だった。しかし、高校三年の夏に甲子園の舞台に立った松本のストレートは、最速時より二〇キロも遅くなっていた。

第三章　松坂大輔と黒田博樹から考える〝早熟化〟　49
甲子園を席巻した平成の怪物・松坂と、高校時代三番手投手だった黒田。しかし、メジャーでの成績は黒田の圧勝だ。彼ら二人の高校時代の恩師は、こう語っている。

第四章　メディアが潰した「スーパー一年生」　65

かつて中田翔と並び称された「スーパー一年生」がいた。しかし、メディアでもてはやされて自分を見失った彼は、卒業を待たずに高校を去る。本人による十三年後の告白。

第五章　プロ・アマ規定で置き去りにされた指導の在り方　81
プロ・アマ規定の「雪解け」は望ましいことだが、プロ野球選手だからといって指導がうまいとは限らない。高校野球の指導者に転じた元プロ野球選手が語る指導者論。

第六章　日本高野連にプレーヤーズ・ファーストの理念はあるのか　97
二〇一八年からタイブレーク制度が導入されたが、これはあくまで「円滑な大会運営」のため。そこにプレーヤーズ・ファーストの理念は見えない。

第七章　「楽しさ」を取り戻せ　113
グアテマラで野球指導をした経験を持つ田所孝二は、福知山成美を六度、甲子園に導いた。成功のカギは、中南米で再発見した「スポーツを楽しむ」という姿勢だった。

第八章　甲子園出場を果たした「日本一の工業高校」　132
二〇一四年春、甲子園初出場を果たした沖縄県立美里工業高校は、同時にもう一つの偉業を達成した。ある国家資格の合格者数で「日本一」に輝いたのだ。

第九章　偏差値70超えのスーパースターが誕生する日　146
歴史書を愛読する安田尚憲。スキーの全国大会で優勝し、中学時代はオール5だった根尾昂。二人の文武両道選手の存在は、従来の「選手育成」の常識に疑問符を突きつける。

第十章　高校球児の「模範的態度」と「個性」　164
神戸国際大附属は、かつて「神戸のやんちゃくれ」と呼ばれた問題集団だった。再生を果たし、甲子園にも出場した彼らの軌跡から考える「高校生らしさ」。

おわりに　183

第一章　玉砕球児が消えない理由

柔和な表情の指揮官のインタビューを聞いていると、およそ二時間前に起きた事件のことなど忘れてしまいそうだった。

二〇一三年夏、二回戦の西脇工戦に勝利し、笑顔で取材陣の質問に応じていた木更津総合・五島卓道監督は、肩の痛みが限界点に達して降板した二年生エース・千葉貴央を先発させたことについて、こう説明していた。

「千葉がいなければ甲子園に来ることはできていなかったと思います。だから、（千葉の）起用にこだわりました。故障については、交代させるのが少し遅かったのかなと思います。捕手が降板したほうがいいと言ってきたので交代させましたけど、僕は続投させるつもりでいました」

五島監督の言葉を甲子園メディアの見出し風に表現すれば、「指揮官、エースへの信頼」となるだろう。エースの千葉は県大会の準決勝と決勝を一人で投げぬき優勝に導いた投手だった。二日間で三〇〇球以上を投じた彼のポテンシャルは、エースとして絶大な信頼を寄せるにふさわしいことは誰でも理解できる。

しかし、約二時間前に起きた事件を鑑みれば、五島監督の姿勢が果たして正しかったのかは考えざるを得ない。

山なりのボール

指揮官の言葉から二時間前の十一時五十五分——。

木更津総合—西脇工の試合のプレーボールがかかった。一回表の木更津総合の攻撃は二つの安打などで一点を先制。攻守が入れ替わり、事件は起こった。

守備に就く木更津総合の選手紹介アナウンスが甲子園には流れたが、その刹那、スタジアムはややざわついた。そう大きいものではなかったものの、いつもとは異なる雰囲気だったのは間違いなかった。

一回裏、木更津総合の先発・千葉が一球目を投じると、そのざわめきの正体が何であるかはすぐに理解できた。

千葉は初球、これが全国大会の舞台で投じる球なのかというような、山なりのボールを投げたのだ。二球目、三球目　四球目……。そして、カウント3ボール2ストライクからの六球目も同じような山なりのボールを投じたのである。それは投球練習からすでにそうだったのだ。

西脇工の第一打者は虚をつかれたのか、空振り三振に終わったが、明らかに分かったのは、千葉の右肩が悲鳴を上げていたことだった。

疲労に蓋をしながら投球を続ける投手は、甲子園の大会では目にすることがある。どこかに痛みがある選手、熱中症の症状を我慢する選手など様々だが、その姿は痛々しくもあったが、この日みた光景はそれまでの中でも、もっとも残酷なシーンといえた。

二十歳に満たない若者の身体が限界点に達し、マウンド上でそれを主張するかのようなボールを投じていたのだ。

千葉は、この後、マウンドを降りた。

甲子園を舞台に一人の高校球児が肩を落として、引き上げていく姿に身の毛がよだつ感覚に襲われたものだ。マウンドを後にする観衆の拍手がこれほど空しく響いたのも初めてだった。

当時、千葉は高校二年生だった。甲子園という舞台でその身を滅ぼしたに近かった。

「玉砕」を選んだ本人の回想

二〇一七年晩秋、一つのニュースが飛び込んできた。あの日以来、表舞台から姿を消していた千葉が大学の硬式野球部で新チームの主将に就任したというのだ。大学進学後の公式戦の登板はなかったが、二〇一二年に神宮大会を初制覇した実績のある桐蔭横浜大でチームを引っ張る立場になったというニュースには正直おどろいた。

高校時代、いわば「玉砕」の道を選んだ彼は、あの時の登板のことをどう振り返っているのだろうか。昨今になって、高校球児の肩や肘について登板過多などの問題が上がるようになったとはいえ、まさに当事者になった人物からは貴重な証言が取れるかもしれない。未来へのメッセージをもらう意味も込めて、彼のもとを訪れた。

投内連携やピッチング練習など、一通りの練習メニューをこなすと快活に「今から（時間）大丈夫です」といって、千葉は取材場所に来てくれた。好青年の印象だった。

「みんなが憧れている甲子園で、このマウンドに立ちたい人がいっぱいいるのに、ケガでふがいないピッチングしかできなかったのは野球に申し訳なかったですね。このままの状態でマウンドに立つのは甲子園に申し訳ない。そんな気持ちでした」

あの日の事件について尋ねると、千葉はそう振り返った。その言葉から被害者意識は全く感じられなかった。「申し訳ない」——。なぜ、彼はそう繰り返すのだろう。さらに千葉はこんな思いも口にした。

「複雑な気持ちでした。ケガで投げられなかったことも悔しかったんですけど、高校の監督さんが周りから批判を受けていることが一番辛かったです。僕は本当に五島（卓道）監督を信頼していました。監督さんが僕を無理やりに登板させたわけではなく、自分からわがままを言って投げていたのに、批判を受けているのは苦しかったです」

子どもが大人をかばっている。千葉の人間性がそう言わせているのか、そう言わされているのか。そもそも、この問題の真相はどこにあるのだろうか。

千葉が野球を始めたのは小学一年生のころだ。男三人兄弟の末っ子で、二人の兄にならうかのように野球チームに入った。ポジションは主に投手。登板しない時は捕手を守った。

中学では部活の軟式野球部に所属した。全国大会には出られなかったものの、県選抜チームに選ばれるなど評判の投手だった。高校は地元の習志野高との二者択一の中、木更津総合を選んだ。

その理由からは千葉の野球への想いが伝わってくる。

「県選抜のチームメイトの何人かが習志野に行くと言っていたので、一緒のチームに入って野球をするのは楽しいだろうなぁと思ったんですけど、敵として戦ってみるのもいいんじゃないかなと。そのなかで、木更津総合の練習を見に行ったときに伝わってきた雰囲気、緊張感がものすごくあって、ここで自分を成長させたいと思いました。夢であったプロ野球選手になるために、成長できる場所を選びたかったので、木更津総合にしました」

しかし、千葉の思惑は入学後、少し軌道修正を強いられる。確かに練習の雰囲気が良かったことに間違いはなかったが、チームが目指していたのは、「みんなが一つになって甲子園を目指す」という高校野球にありがちな風土だった。千葉は一時、プロ野球の夢を封印し、甲子園に出場することを念頭に置いた。

入学してすぐの夏の甲子園大会でベンチ入りすると、初戦の二回戦・大阪桐蔭戦、二—七の場面の八回から登板。一失点をしたものの、二イニングで三奪三振と上々の甲子園デビューを飾った。

二〇一二年に春・夏連覇を果たすなど、この十年で六度の優勝を果たしている大阪桐蔭戦での好投は、千葉に幾分かの自信をもたらした。「スライダーを多く投げたんですけど、これを磨いていけば、（高校野球の世界で）戦えないことはないなと思った」。チームとして甲子園に出場し、ゆくゆくはその先を目指していくというステップになるはずだった。

しかし、このときすでに、千葉の身体には異変が始まっていた。

いや、元をたどればもっと昔からだったと千葉は語る。

悲鳴を上げていた肘と肩

「このときもすでに肘が痛かったんです。本当のことをいうと、小学生のころから身体に痛みを抱えていました。でも、痛くてもごまかしながらできていたんです。中学から変化球を投げるようになったんですけど、スライダーを投げる際は肘が痛まなかった。だから、スライダーでかわすピッチングで抑えていました。その後も痛みを我慢して投げていたんですけど、高校一年の秋くらいから肩が痛くなって、それからはごまかしながらやるのが難しくなった」

千葉は小学校低学年の時からとにかくボールを多く投げたという。小学生は土日がメーンの活動になるが、たとえば、低学年の時は午前中に上の学年の試合に登板する。それが終わって午後になると同学年のチームに戻ってまた登板するという工程を繰り返していた。「練習などのキャッチボールを含めれば、一日三〇〇球くらいは投げていた」と千葉は振り返る。

部活動になった中学時代の野球部では投げる日数は増えた。週に四日くらいはピッチング練習をして鍛えた。変化球も習得していて、大会になるとWヘッダーは当たり前だった。チームが強いわけではなかったため、毎週とまではならなかったが、公式戦では一度、一日の連投を経験したという。痛みが出て当然だったかもしれない。

それでも千葉が痛みを隠しながらやれたのは、おそらく彼にピッチングセンスが備わっていたからにほかならない。

例えば、彼の最大の武器であるスライダーの場合、多くの投手はボールを握ってひねりを与えて変化をつけるが、千葉は手首に角度をつけるだけで変化させることができた。いわば、スライダーを投げることが負担なくできたのだ。だから、肘が痛むときは、スライダーを多投することでゲームメイクしていたのである。

とはいえ、高校に入ると、身体の悲鳴はあちこちから聞こえてきた。一年夏の甲子園が終わってからは肘ではなく右肩に痛みが走った。リハビリに励むものの、痛みが和らいでは投げ、また痛む。その繰り返しだった。二年生の夏の甲子園予選の千葉県大会を迎えたころには、公式戦の登板がほとんどないほどで、ぶっつけ本番のような状態で臨んでいた。

千葉県大会では、準決勝と決勝に先発。二日間の連投で三〇〇球を超える力投で連続完投勝利。千葉がエースとして君臨したことで、チームは甲子園出場ができたのだった。登板経験が少ないなかでも結果を出せたのは、千葉の投手としてのポテンシャルの高さゆえだろう。とはいえ、右肩に痛みはあった。この二試合すら痛み止めの注射を打って投げていたほどで、優勝決定後は「洗顔するのも辛い」くらいに肩を挙げることが困難な状態だった。

それでも甲子園で投げることに迷いはなかったという。高校に始まったことではなく、ここに至るまでに痛みがありながらも我慢して投げてきたから、千葉自身の中に特別な異常を感じさせなかったのだ。

「試合でマウンドにあがったら、何とかかわすピッチングで抑えることができるという自信があったんです。小中学校のときから、指導者の方は僕の肩の痛みは気づいていたと思うんです。でも、マウンドに行けば、僕が普通に投げて抑えているので、重症のようには見えなかったと思います」

甲子園一回戦・上田西戦で先発した千葉は一三五キロのストレートを見せ球に、スライダーを多投して五失点完投勝利。一三八球の熱投は、千葉の身体に痛みがあることなど感じさせないナイスピッチングだった。

事件が起きた二回戦の西脇工戦も同じ気持ちで試合に臨んだが、試合前から右肩の痛みはそれまでよりひどく、投球練習でホームまで届かなかった。

しかし、甲子園という舞台。このマウンドから逃げるわけにはいかなかった。あそこに行けば、何とか投げられるだろうとマウンドにむかった。

千葉の回想。

「一回戦の時も痛み止めの注射を打っていて、いつも通りに投げることができていたんですけど、この日は効かなかった。僕はあまり緊張しないというのもあって人よりもアドレナリンの分泌が少ない。だから、興奮剤のような薬も飲んでいたんですけど、それも効かない状態で……。マウンドに行けば何とかなるのではと思ったけど、力を入れることすら困難でした」

千葉の言葉を一言一句、聞いていくだけで、彼の身体の状態が極限を超えていたのが分かる。なぜ彼がそうなるまで誰かが手を差し伸べなかったのか。

山なりのボールしか投げられない状態でも登板させた木更津総合の指揮官・五島卓道監督に批判の目を向けるのは簡単だが、痛みを我慢してマウンドに立ち続ける高校球児は千葉に限らない。それでも彼らが投げ続けるのは、甲子園という舞台が醸し出す魔力にもあるのだろう。千葉は「甲子園が魅力的すぎる」とその存在を語っている。

もともと千葉が木更津総合に進学したのは、プロ野球選手を目指してのものだ。ここなら自分を成長させてくれると、将来を見据えた。しかし、実際に入学して甲子園を本気で目指す高校野球の中に足を踏み入れると、千葉の中に「将来」の二文字は消えていた。まだ高校生である。ここでの登板が将来の人生を棒にふることにつながるなど、皆目、見当がつかない状態に身を置いていたのだ。チームとして甲子園を目指し、さらなる頂を目指していた時、「投げられない」とは口が裂けても言えない。

「いま冷静に考えれば、ケガを我慢して投げるより将来を大事にしたほうがいいと思いますけど、高校の時は自分の将来はどうでもいい、将来、野球ができなくても、今、目の前の仲間たちと甲子園で戦いたいと思いました。ケガをしたから自分だけが出場を放棄するという選択はなかったです。自分にとってそれだけ甲子園の存在は大きかった」

あの時の感情は一生変わるものではないと千葉はいう。

今回の取材の中で衝撃的なことのひとつだが、今もケガに苦しむ千葉は、やり切れない状況にいても、あの試合に戻れば「やっぱりあの場所で投げたい」というのだ。

甲子園で玉砕球児が多発するのは、おそらく、このマインドが変わらないからだ。高校野球は部活動であり、チームとしてのかかわりを大事にする。そのため、自身のことより、フォア・ザ・チームの考え方が根強い。個人として「プロを目指す」という将来設計はあっても、それはあくまで野球部として活動を終えたときに、どこを目標にするかというものでしかないのだ。「部活動で燃焼する」という想いは高校球児全員の共通した意思なのだ。

問題の核心は別のところにある。

「身体のケアに関する考え方が変わったいまでも、あの時に戻ったら、またマウンドに立つ」と頑なに言い続ける千葉にある質問をぶつけてみると、それまでとは異なった感情を吐露した。

——もし、自分の兄弟や親戚にあの日の千葉君と同じ立場の人がいて、ケガを我慢して甲子園で投げるといったら、何とアドバイスしますか。

「それを言われると、考えますね。その立場なら止めると思います。自分がプレーヤーとしてならいいんですけど、人が痛みを我慢してプレーしているのを見ると心苦しくなります。自分と同じ苦しみは人に味わってほしくないと思います」

高校生の成熟しきっていない精神状態では、将来のことなど頭から消えていくというのが現実なのだろう。日々の厳しい練習を乗り越える部活動の仲間がいて、甲子園という存在がある。選手の意見は一つにしかならないというのが実情なのだ。

高校生がそうしたマインドになることは避けられない。だとしたら、考えなければいけないのは、そうした高校生を止められるだけの大人の意見や環境づくりではないか。

「千葉で勝ってきたチームだから」と指揮官が発言した運命共同体のような言葉は、本来、大人が発するべきものではない。


「痛いか？」ではなく「いけるか？」

そう簡単なものではないのだ、というのが指導者側の意見だ。

千葉が現在所属している桐蔭横浜大の齊藤博久監督は、大舞台を前にした指導者の選択は難しいと、こう代弁する。

「絶対的なエースがいれば決断は難しいですね。正直、僕も勝ちたいので、痛み止めを打って投げられるのなら投げさせたいと考えます。千葉のケースは痛み止めを打てば何とかなるだろうと、本人もスタッフも思っていたんじゃないですか。それが思っていた以上にひどかったということなのではないでしょうか」

齊藤監督は大学野球の指揮官だ。大学生はリーグ戦で戦うために、一試合でも負けたら終わりという環境を強いられているわけではない。その分、達観した意見を言える立場にあるが、実際、育成年代の指導に携わる指導者には、それくらい引いた目で見ることが必要だ。どのカテゴリーに属していても、試合というのは勝敗を目指して争われる。その事実に変わりはないが、指導者が選手と同じ目線で考えるべきではない。

千葉が次に話した言葉には、いまの野球界全体に通じる病巣がはっきりと見える。

「痛みは本人しか分からないから『痛いときは言え』と指導者からは言われるんですけど、指導者の方から『痛いか？』と状態を聞かれることはなかったんです。いつも聞かれるのは『いけるか？』です。でも、そうなると『いけます』としか言えないですよね。

それが選手の心理だと思います。たぶん、みんなそうなんじゃないかな」

指導者たちは心のどこかで現実に目を背けているといえるのかもしれない。齊藤監督の「痛み止めを打って投げられるのなら……」という言葉に本音を垣間見ることができるが、深層心理をつけばおそらく、「彼らに投げさせたい」ということなのだろう。

齊藤監督は言う。

「選手は頑張って投げようとしますから、彼らが放つ危険信号を大人が感じてやることが課題でしょうね。そして、医療といかに連携していくかが大事だと思います。千葉の場合はあのとき、山なりのボールを投げた。このままじゃやばいと本人が制御を掛けたわけですよね。それがまだ野球を続けられる、いまへとつながっているのではないでしょうか」

千葉は、これまで関わって来た指導者たちに恨みを持っているわけではない。「野球界にある環境はそういうものだ」という話をしてくれただけだ。

あの事件のあと、千葉はしばらくして肘を痛めた。ケガから復帰する過程で焦って、投げ込む時期を誤ってしまったからだ。結局、三年夏は二試合登板のみで高校野球を終えている。大学進学後は、そのときのケガの影響で公式戦の登板はない。大学三年の春になるまで、どこの診察を受けても、肩や肘に損傷はみられないものの痛みが取れない悶々とした日々が続いた。

千葉の肘に改善の兆しが見えたのは二〇一七年春、右肘にある尺骨神経がひじを曲げた時に移動するということが分かってからだ。レントゲンではみつけることができない特殊なケガで、痛みの原因がはっきりしたため、肘にメスを入れた。

秋の公式戦後に行われた練習試合で千葉は二試合に登板。三年の歳月を経て、ようやく復帰を果たした。オフからシーズンインに掛けて、強く腕を振れるようになり、投げる楽しさも生まれてきたという。

完全復帰を目指して、いまもグラウンドで汗を流している千葉だが、彼は甲子園をどのようにみているのか。〝甲子園の魔力〟によってケガを負わされた千葉の意見は、未来へのメッセージにもなるはずだ。

「日程は変えたほうがいいと思います。千葉県大会だと七、八試合もあって二度の連戦がありますから、選手にはきついと思います。それと、ケガをしている選手に出場の可否の判断を促しても、自分から『出ない』と決断をするのは難しいです。だから、そうならないようなルールをつくったり、指導者の方の自覚が必要なのかなと思います」

千葉にこれほどの苦悩を与えてしまったのは大人の責任だ。

彼の野球人生のどこかで、誰かがストップをかけていればこうはならなかったはずだ。一日のうちに二試合で三〇〇球を投げるような連投を小学生時代に課し、中学時代にもWヘッダーで連投した。そして高校では登板過多が繰り返された。

甲子園では大会前に肩肘の検診がある。レントゲンを持参し、問診のようなものが行われるらしいが、顔を洗うのも困難だった千葉の肩肘を「問題なし」と診断した日本高校野球連盟の責任は小さくない。

それでも千葉は一切、野球界にたいする恨み言は言わない。むしろ、彼にとっての一番のモチベーションは「高校時代の恩師・五島へのもの」とこう語るほどだ。

「高校時代の監督さんが僕のことで批判を受けていたので、ここで僕が野球を諦めてしまったら『木更津総合の五島監督が千葉を潰した』と絶対に言われると思うんです。だから、どうしても復活しなきゃいけない。ケガをしていろんな人に支えられていると実感をしているので、恩返しすることが野球を続ける動機です」

これほど苦しめられた人生でも、野球へのひた向きな愛情を持ち続け、指導者を気遣っている。彼の純な心を野球界は無駄にしてしまってはいけない。それこそ「感動」で誤魔化してはいけない。

千葉の一件からこの夏で五年が経過するが、野球界にとって重要なことは、千葉が発した言葉の一つ一つをどう未来へつなげていくかだ。

「甲子園で肩をケガしたあの日から、僕は一度もプロ野球選手の夢を諦めたことはありません。上で野球を続けたいです。ケガのおかげでかわすピッチングを覚えたので、ストレートで押せるような速い球を投げられるようになれれば、駆け引きで抑えるピッチングができる。一五〇キロを投げる変化球投手になるのが目標です」

千葉はそう前を向いている。

あの日のマウンド上で千葉が見せた山なりのボールは、未来への警鐘であったのだと、野球界が気づく日が来ることを願う。

第二章　〝大谷二世〟を故障させた指揮官の反省

甲子園における投手の登板過多の問題が取りあげられるようになったのは、二〇一三年からだ。前章で紹介した木更津総合の千葉貴央投手の件も一因にはなっているが、この年が境になったのは間違いない。

とはいえ、それまでにも看過できない事件はあった。歴史を紐解いていくと、いくつかのシーンが浮かぶ。

一九八六年、天理高のエース・本橋雅央は、右肘の激痛に耐えながら決勝戦に先発した。テレビ中継では、苦悶に顔を歪めながら優勝投手になった本橋の姿が「感動」の文脈で語られたが、客観的に見れば「常軌を逸した事態」だった。

一九九一年には沖縄水産のエース・大野倫投手が肘の疲労骨折を隠しながら登板を続けていたことが、大会後に明らかになった。二〇〇〇年には中津工の長谷川敬投手が熱中症に掛かり、マウンド上に座り込み、治療後に続投した。二〇〇八年の決勝戦では、常葉菊川のエース・戸狩聡希がマウンド上で肘の痛みに悶絶した。

今になって思えば、どれもが「虐待シーン」だ。しかし、そのことを報じるメディアは皆無に等しかった。

二〇〇三年からフリーランスのライターになった筆者は、戸狩投手の一件あたりから、この問題に立ち向かおうとしたが、雑誌の編集者からは度々、こんな風に諭されたものだ。

「ピッチャーの登板過多について追及していこうという動きは過去にもあったけど、高校野球は変わらない。そんなことに労力を使うくらいなら、もっと違う取材に力を注いだほうがいい」

そんなメディア界の動きが変わり始めたきっかけは、残念ながら日本からではない。二〇一三年の春、センバツ大会でのある出来事にアメリカのメディアが「正気の沙汰ではない」とかみついたことが発端となっている。

それはセンバツ二回戦の済美―広陵戦だった。延長十三回に及ぶ大激戦となったその試合は、両校とも先発した投手が最後まで投げ切ったのだが、勝者になった済美のエース・安樂智大（楽天）は二三二球もの球数を投じていたのだ。

当時、「クレイジーだ」と表現した米メディアに対して、日本では多くの野球関係者やファンなどが呼応した。この事件を境に、少しずつ投手の肩や肘の疲労、登板過多について語られるようになった。

「剛腕投手」におきていた変化

二〇一四年におきた騒動もまた高校野球界にとって大きな意味を持っていた。これは千葉のケースと酷似していたが、より前向きな動きではあった。

同年夏の二回戦・盛岡大学附属―東海大相模戦は大会屈指の好カードとして注目されていた。

盛岡大附のエース・松本裕樹（ソフトバンク）は、最速一五〇キロのストレートと、カーブ、スライダー、カットボールを持つ本格派右腕で、大会屈指の投手との評判だった。打者としても高校通算五四本塁打を放つなど、同じ岩手県のチームとあって二学年上の大谷翔平（エンゼルス）に続く二刀流の逸材としても騒がれていた。

そんな松本が、優勝候補の筆頭格に挙げられていた東海大相模と対戦する。当時の東海大相模には、神奈川県大会記録の二十奪三振を挙げた吉田凌（オリックス）、のちの甲子園優勝投手となる小笠原慎之介（中日）など重厚な投手陣がそろっていたが、「アグレッシブベースボール」を合言葉にした打線も強力だった。

東海大相模に対して、プロも注目する松本がどんなピッチングをするのか。筆者を含めてメディアの多くが固唾をのんで見守った試合だった。

ところが、いざ試合が始まると虚をつかれた。大会前は一五〇キロを投げると評判だった松本が、ストレートの球速を一三〇キロ前後に抑えると、カーブ、スライダー、カットボールを駆使する技巧派のようなピッチングを見せたのである。

東海大相模を九回八安打三失点。見事な完投勝利だったのは間違いなかったが、大会前には剛腕と噂されていただけに、松本の身に何かが起きていることは容易に想像できた。このとき、松本の右肘は、靱帯に炎症を起こしていたのである。

将来のある高校生が普通ではないコンディションで投げていた。これには試合後、筆者を含む何人かの記者が盛岡大附の指揮官・関口清治監督に起用法を問い詰める事態にまで発展した。

なぜ、ケガ人を登板させたのか。また、甲子園では沖縄水産の大野投手の一件以来、大会前に肩肘の検診を行うことになっていて、最悪の場合は投球禁止を通達されるのだが、なぜ松本は靱帯に炎症を起こしながら検査を通ることができたのか。関口監督の温厚そうな人柄も手伝って、取材陣からはかなり厳しい質問が飛んでいた。

続く三回戦の敦賀気比戦も松本は先発したが、すでに限界だった。三回途中九失点で降板。盛岡大附はここで大会を後にした。

この一件は、メディアによって大きく報じられることはなかったが、二〇一七年、盛岡大附が甲子園に帰ってくると再びクローズアップされた。というのも、二〇一七年、春・夏連続の甲子園出場を果たし、そのどちらでもベスト8に進出した盛岡大附は、複数の投手を擁して勝ち上がったからだ。つまり、二〇一四年はケガの松本一人に責任を負わせてきたチームが、投手起用に関する考え方を変えて結果を残したのだ。

「松本の失敗から学びました」

そう語った関口監督はエース一人に頼るのではなく、たくさんのエース候補を作り上げるチーム作りに方針転換したことを説明した。軸になっていく投手が存在するのは確かだが、一人の投手に過度な負担が掛からないようなチーム作りに一新したという。

以前はケガのエースをマウンドに立たせ続けた指揮官は、なぜ采配を改めたのか。彼の指導法の変化を映し出すことで高校野球の問題点が明るみになる。そう思った筆者は、二〇一七年の甲子園が終わった後、盛岡市にある同校のグラウンドを訪れた。

「指導者のエゴだった」

まず、関口監督に尋ねたのは、松本を起用し続けた二〇一四年夏の自身の采配をどう思っているかだ。

「指導者のエゴだったということだと思います」

そう語った関口監督は、過去の自分を達観したかのように言葉を紡いだ。

「二〇一四年のチームはエースの松本と二、三番手の投手に力の差がありました。それで、どんな試合でも『松本、松本、松本』という偏った起用になっていました。勝つことで何よりチームに力がつく。そう思い込んだ私は『大事な試合は松本が投げる』というチームづくりを浸透させてしまったんです。指揮官のエゴが原因で、二番手以降の投手を育てることができなかった。そのために、エースの松本がケガをしていても、二、三番手投手を起用することすらできない状態をつくってしまっていた。夏の大会を迎えるまでの過程に、監督のミスがありました」

当時の松本の右肘に異変が起きたのは、岩手県大会決勝戦の試合中だ。五回が終了してグラウンド整備のインターバルの際、松本本人が「（右肘に）違和感がある」と伝えてきた。

関口は自身の知識不足もあって、「違和感」という言葉に過剰反応しなかった。

「それほど長いやり取りではなかったんです。違和感という言葉をそう重く感じなかったのもありますし、松本も『あと少しなので頑張ります』と代えて欲しいというような感じではありませんでしたから」

その後を乗り切り、甲子園出場を決めた。

翌日、松本は病院へ検査に行ったが、症状は軽いものだった。「疲労性の炎症。一週間もすれば治る」。医者の診断を鵜呑みにした関口は甲子園入りしてから投げ始めればいいくらいに思っていた。

ところが、松本の肘の状態は一向に回復する気配を見せなかった。二回戦からの登場で時間的余裕があったのだが、大会が始まってもキャッチボール程度しかできず、時間だけが経過していった。初戦の二回戦・東海大相模戦はあっという間に翌日にまで迫っていた。

関口の回想だ。

「松本がそんな状態で、さて、どうする？　となったんですけど、東海大相模のような強豪を相手に勝てる投手は松本しかいなかった。もともと松本は神奈川県から野球留学でウチにきた選手でしたから、本人からしても投げたいという意欲が強かった。東海大相模には中学時代に松本が対戦して負けた相手がいたんです。その想いも買って起用を決断しました」

松本にはたぐいまれなピッチングセンスがあった。一五〇キロの剛速球が投げられなくても、変化球を巧みに使って相手打線を手玉に取ることができた。

センスのある投手というのは、自身についたイメージを逆利用して打ち取る投球術を見せることがある。

かつて甲子園で見たケースでいうと、ダルビッシュ有（カブス）がしたたかなピッチングを見せた時があった。東北高三年生の春のセンバツ一回戦の熊本工戦で、ストレートを多投せずに変化球重視のピッチングでノーヒット・ノーランを達成したのだ。初回に一四〇キロ後半のストレート表示を確認したダルビッシュは「今日はストレートの球速が出すぎている」と警戒し、力を抜いて投げることに専念。その結果、相手を欺くことに成功したのだ。ダルビッシュについた「剛球投手」のイメージを逆手に取ったナイスピッチングだった。

このときの松本も「一五〇キロ右腕」に照準を合わせてきた超強豪校をあざ笑うかのように、変化球主体のピッチングで牛耳ってみせたのだった。当然、彼が中学時代から有名な投手だったということを相手も知っていただろう。

とはいえ、人間には限界というものがあった。二回戦は乗り切ったものの、先にも書いたように、三回戦の敦賀気比戦は同じようにはいかなかった。関口は三回戦も松本に先発させたが、三回途中九失点でＫＯという惨憺たる結果だった。投球術を駆使したくても、肘が持たなかった。

「一試合を投げるだけでも無茶だったんですけど、初戦は東海大相模には負けたくないという意地がありました。そうであるのに、次のゲームも松本に投げさせたのはあやまちどころの話ではないと今でも思っています」

大会を去り、岩手に戻って再検査を受けると、松本は三カ月ノースロー調整を強いられるほど深刻な状況であることがわかった。

松本は同年のドラフトでソフトバンクから一位指名を受けたが、大会後からソフトバンクと契約してチームに合流するまで一度もボールを投げることができなかったという から、相当な重症だったといえるだろう。関口にとっての救いは松本の靱帯が切れるま でに至らなかったことだが、そのことに必然性はない。たまたま重症に至らなかっただ けだ。

「勝ちたい」エゴと向き合う

だが、関口はこの一件以降、采配を改めるようになる。

もともと、チームには、毎年十数人ほどの投手が在籍していた。盛岡大附は野球に特化した私学で、かつては関西から、いまでは関東をメーンに九州などからも選手が留学してくる。そのため投手の枚数には苦労はしなかった。

その豊富さを生かして育てようという気概のもと、采配においては一人の投手に頼るのではなく、複数投手制を敷くことを決意したのだった。自身の心の奥に潜む「勝ちたい」エゴと向き合った。

エース以外の投手が登板して乱調になったとしても「今日は負けることも勉強だ」と考えるようになった。練習試合だけでなく、春の大会のような甲子園切符がかからない公式戦ではエースを使わないで戦う試合も作るよう心がけた。「もしそれで負けたら、いまはそのレベルの力しかないチームなのだ」と納得するようになった。松本の一件が起きる以前は到底考えられないことだった。

春の県大会などで二番手以降の投手を先発させることはあった。たいてい、格下と想定される相手と踏んで起用するのだが、大差で勝つだろうと想定していた試合で苦戦を強いられると、登板予定のなかったエースを途中からマウンドに行かせることが度々あったのだ。松本だけに限ったことではない。過去に松本のような「絶対的な大エース」がいるときほど、そうした傾向が強くなっていたと関口は回想する。

「練習試合などもその傾向がありました。〝目の前の相手を倒すことによってチームが成長する。（この試合は）カギを握るゲームなのだ〟と僕自身が勝手に思ってしまうところがあったのです。生徒の成長を待つことをメーンに考えてチームづくりをしていけば、一つの負けは惜しいことではないですよね。それなのに、目の前の試合に勝つことばかりに気持ちが向いて、松本などのエースの多投にたどり着いていました。二番手投手を起用して負ける試合というのは、登板した投手たちに現在の力を示してあげる機会でもあるのに、私が蓋をしていたんです。松本を起用することで誤魔化していた。その繰り返しをしたことで、松本を故障させてしまった」

二〇一七年のチームは、甲子園ではエースナンバーを付けた平松竜也、二年夏から登板経験のある三浦瑞樹の二人で勝負したが、甲子園に進む以前の段階で五、六人の投手をベンチに入れていた。さらには、秋、春、東北大会、ブロック予選と公式戦があったが、すべての大会でエースナンバーを異なる選手に付けさせて競争心をあおることを忘れなかった。

当時のエース・平松が甲子園でこんなことを話していた。

「甲子園に来るまでは、他の投手陣のことをライバルと思って競ってきました。でも、大会では力を合わせていこうという関係性がありました」

主に二番手だった三浦もチームの方針を受け入れていた。

「僕は完投する気で投げていました。でも、継投は監督の方針なので、それは仕方ないと納得してやっていました」

誰が控えに回っても、二番手に甘んじることのない環境が出来上がったことで投手陣が底上げされた。指導者が最後の夏の大会までに、いかに勝利にこだわらずにチームづくりをできるか。関口はそう考えることで、複数投手の育成に成功したのだった。

ただ、この一件に潜むのは指揮官の指導方針だけの問題ではない。高校野球には、公式戦だけでなく練習試合においても「エースが多く登板しなければいけない」という空気があるという。指揮官はそう考えていなくても、選手自身が投げるつもりになっていたりする。周囲の環境もしかりだ。プロのスカウトから「視察に行くから」と無言のプレッシャーを掛けられる時もあるそうだ。

関口は高校野球の中にある一つの問題点を指摘する。

「夏の大会を控えた六月くらいになると、最後の追い込み期間になります。高校野球にとって大事な時期です。ですから、この時期というのはほとんどの練習試合が強豪との試合になるんです。そうなってくると、どのチームもエースの登板が増えます。強豪を相手に勝ちたいという欲が（監督自身に）出てくる。また、遠くから遠征に来ているチームが相手であった場合も『エースを出さないのは失礼だ』みたいな空気もあるんですよね。そこを変えるのは難しい」

そもそも一人の投手を多投に向かわせる遠因は、指揮官の勝利至上主義による場合が多い。「選手を勝たせたい」と指導者たちは大言壮語するが、〝自らが勝ちたい、恥をかきたくない〟という気持ちが根底にある。それが、高校野球界全体の「どんなときであれ、エースが投げるべき」という風潮につながっている。

盛岡大附のような、他地区からの野球留学生を受け入れている私学は、周囲からの厳しい視線にもさらされる。同情するわけではないが、二〇一四年当時にあった関口への風当たりは、決して小さいものではなかった。というのも、同校OBである関口が高校三年時に初めて甲子園に出場を果たしてから、二〇一三年のセンバツで安田学園にサヨナラ勝ちするまで、盛岡大附には春・夏の甲子園で九連敗という不名誉な記録があったからだ。これは史上最長の連敗記録で、選手・監督として連敗に関わった関口からしてみれば、センバツで初勝利を挙げていたとはいえ、二〇一四年夏は甲子園での勝利に飢えていたのは無理からぬところだった。

「うちは勝っていないチームでしたので、何とかして勝たないといけない。そうした想いだけが先行して、選手の体調とか控え選手の成長を無視してしまっていた」

高校野球は人気がある分、周囲の目を気にしなければいけない。指揮官が結果や成果を最優先に求めるのは、高校野球の人気と勝利至上主義の風潮にも理由がある。関口は松本の失敗から学び今の指導に繋げているが、多くの指導者が高校野球のそうした風潮から抜け出せないのが現状なのだ。

「複数投手制」は増えているものの

ただ、勝利を大前提としてチームづくりをする指導者のエゴは、高校野球に限らず野球界全体に蔓延しているものでもある。

関口の次の証言には、野球界が抱えている課題を感じずにはいられない。

「松本から聞いた話なのですが、少年野球をやっていた時、彼は公式戦の全試合で投げたそうです。つまり六十連投くらいはしていた、ということです。もちろん少年野球は毎日試合をしていたわけではないので六十日間連続ということではありませんが、六十数試合の連投をこなしていたそうです。それを知った中学のボーイズの指導者は、中学時代の松本には登板を控えさせたと聞きましたが、野球界にはいろんなところに勝利至上主義の問題があるのだと思います。実際、私たちのチームには、小中学校時の投げすぎで手術を経験して入部してくる子や、ケガの影響で一球もブルペンで投げることができないまま卒業していく選手もいます。そうした現状を支配しているのは、勝ちたいという指導者のエゴではないでしょうか」

将来を嘱望された逸材を甲子園という舞台で無理強いさせたことを契機にして、関口は現状に一石を投じた。

「高校野球の風潮が下のカテゴリーに降りていくこともありますので、高校野球から変えていくことも大事なのかなと思います」

関口がそう話すように、野球界全体に蔓延している空気を換える意味でも、高校野球の果たす役割は大きいと思う。

二〇一七年夏の甲子園では、初優勝した花咲徳栄をはじめとして複数の投手で大会に挑むチームが目立った。この動きを「指導者の意識の変化」や「球児の健康面を気遣うようになったため」と見るむきもあるが、そう言い切るのは時期尚早だ。事実、一昨年夏の決勝は、作新学院の今井達也（西武）と北海の大西健斗（慶応大学）がほぼ一人で投げていたし、昨年春のセンバツでは福岡大大濠の三浦銀二や滋賀学園の棚原孝太、東海大市原望洋の金久保優斗（ヤクルト）などが一九〇球超えの異常な登板をこなしている。登板過多がクローズアップされるようになったのは事実だが、高校野球を取り巻く環境に変化がない中、起用法の違いはあくまでトレンドの域を出ない。うがった見方をすれば、投手のレベルが高くなかったから、そうした継投を選択したと見ることもできる。

加えて言うならば、複数投手制を敷く理由が「勝利」というものに基づいているのなら、それは松本を多投させた関口の発想と大きく変わらない。真の意味で指導者の姿勢が変わったと言えるのは、勝利を度外視してでも疲労の蓄積を考慮して「複数投手制」を敷くようになってからだろう。

もちろん、理由はどうであれ、複数投手制を敷くチームが増えるのは良いことだ。ただし、高校野球の今後のあるべき姿、つまりプレーヤーズ・ファーストを考えたとき、関口のように「勝利に対する指揮官の欲」から脱皮して初めて、真に「指導者の姿勢が変化した」と言えるのではないか。ジュニア世代の指導者は本来、勝利至上主義ではなく、選手の育成を第一に考えるべき立場のはずだ。

安樂、千葉、松本の三人はくしくも同学年だ。実は、彼らの同世代にはほかにもケガに泣いた選手がいる。星稜高から千葉ロッテに進んだ岩下大輝、明徳義塾から拓殖大に進んだものの中退して現在は徳島インディゴソックスに在籍する岸潤一郎は、高校を卒業後に右肘の靱帯を損傷し、「トミー・ジョン手術」を受けたそうだ。

これは彼らが新しく所属した先の育成が引き起こしたこととは言い切れないだろう。高校時代の経験も少なからず影響しているはずだ。明るみになっていないケースだけでも、これだけ高校球児の肘に関して問題が起きているという事実に目を伏せるべきではない。

「指導者のエゴ」を脱し、関口が起こしたような意識改革がこれからの指導者に広まってくれればと願う。高校生の肩や肘をロシアンルーレットの対象にしてはならない。潰れなければラッキーで、潰れたら運がなかったということではないのだから。

第三章　松坂大輔と黒田博樹から考える〝早熟化〟

高校時代に甲子園で活躍し、プロに進んだ選手を見て常々思うことがある。彼らの野球人生は「成功」したと言えるのだろうか、と。

「成功」「失敗」を捉える物差しが人によって異なるものであることは百も承知だが、二〇一八年、歴代の甲子園優勝投手が軒並み苦境に立たされているのを見るにつけ、そんなことを思った。

一九九八年、横浜高が春・夏連覇を達成したときのエース・松坂大輔は、二〇一七年のシーズンが終わるとソフトバンクを自由契約となり、年明けの一月二十三日まで所属先を探す事態となった。入団テストの末に中日への加入が決まったが、それまでの華やかな野球人生とは異なる道を歩いている。

二〇一二年、大阪桐蔭の春・夏連覇に貢献した藤浪晋太郎（阪神）は、高卒一年目にいきなり二桁勝利（十勝）を挙げてNPB新人特別賞を受賞。二、三年目と順調に勝ち星を増やしたが、四年目の二〇一六年に七勝十一敗と負け越すと、五年目の二〇一七年は死球を立て続けに与えたことで本来の投球ができなくなり、二度の登録抹消。十一試合登板で三勝に終わった。安定感を欠く現在のピッチングは三年目までの彼とは別人だ。

二〇〇六年、延長引き分け再試合の末に早実を優勝に導いた斎藤佑樹（日本ハム）もまた、苦しみの渦中にいる。この五年で一軍勝利は四つ。二〇一八年は開幕ローテーションを外れ、四月七日に先発のチャンスをもらったが、無安打ながら四死球を八個与えて四回途中で降板。即刻ファームに落とされた。

二〇一〇年に春・夏連覇を果たした興南のエース・島袋洋奨（ソフトバンク）は昨季オフ、戦力外通告を受けた。同年八月に左肘のクリーニング手術を受けたばかりの災難だった。育成選手として再契約を果たしたものの、未来が明るいとは決して言えない。

二〇一六年の夏の覇者・作新学院のエースだった今井達也（西武）は、二〇一八年一月末に所沢市内でパチンコに興じていたところを週刊誌に撮られた。未成年の今井は、そのときタバコを吸っていた。この事態を重く見た球団は今井に対して謹慎処分を通達している。喫煙の身体への悪影響は言うまでもないが、今井はプロ入り後に右肩を故障しているのだ。アスリートとしての意識の低さがうかがい知れる事件だった。

筆者は松坂をのぞく四人を甲子園で取材している。「甲子園優勝投手」というのは一つの称号であるはずだが、彼らの苦しみを見ると、その称号は決して未来を明るくするものではないのかもしれない。

今も耳に残っている指揮官の言葉がある。島袋の恩師に当たる興南・我喜屋優監督の言だ。二〇一〇年、沖縄県勢初となる春・夏連覇を果たすことになる夏の準々決勝を控えた際に発せられた。

「今日は島袋を先発させます。昨日投げたばかりで連投になりますが、ここを乗り越えることができれば、島袋が歴代の『甲子園の怪物』と言われた投手たちに並ぶことになります。連投の練習は積んできましたから、ぜひ力を発揮して欲しい」

高校野球のフィールドだけで考えれば、「指揮官からの熱いメッセージ」と受け止められるかもしれない。しかし、彼の将来を考えたときに、果たしてそれが正解と言えるのかどうか。当時の筆者の中にも葛藤があった。

「甲子園の怪物」になることは、高校球児からすれば素晴らしいことだろう。その目標達成には、連投をクリアーすることも、超えなければならない壁として存在しているのかもしれない。事実、島袋はこの難題を乗り越え、そのまま優勝投手となった。しかし、大学に進んでからの彼の野球人生は苦難の連続である。左肘を痛め、今日に至るまで高校時代のような輝きをみせられていない。

甲子園で優勝投手になることは成功なのか、そうではないのか――。

松坂大輔の恩師、かく語りき

そんな疑問をぶつけるため、松坂の高校時代の恩師・小倉清一郎のもとを訪れた。

小倉は松坂のほか、成瀬善久（ヤクルト）、涌井秀章（ロッテ）など、幾多の好投手を送り出してきた高校球界の名将として知られる。筆者の素朴な疑問に対し、まずは教え子の現状を慮った。

「失敗というと語弊があるけど、『もうちょっとこれは練習しないといけない』『あれも練習しないといけない』という未完成な部分を残しておいた方がよかったのかなというのはある。投手として学ぶ要素が一〇〇あるとしたら、普通の選手は一〇〇まで到達しないんだけど、松坂だけは一〇〇を教え込んだ状態で送り出した。高校時代にすべてを完璧に教えたことが失敗だったのかもしれない」

高校時代に偉業を見せ続けてきた松坂をして、恩師がそう語るのは興味深い。

小倉は社会人の河合楽器でプレーしたのを最後に、東海大一高（現東海大静岡翔陽）で指導者のキャリアを本格的にスタートさせた。その後、横浜、横浜商と渡り歩き、一九九〇年に再び横浜高に復帰した。それから二五年間、部長とコーチを務めた。九八年、松坂と果たした春・夏連覇を含めて三度の全国制覇を成し遂げている。

小倉は、甲子園で勝つことを目指し、独自の野球観を前面に押し出してチームをつくったという。中学生の有望選手のスカウティングに始まり、選手の育成、さらには相手チームの偵察、データを軸にした戦術の徹底などだ。

小倉の指導方針はシンプルだ。

「選手を指導する限り、甲子園を第一に考えていた。野球は試合の中でいろんなことが起こりうる。だから、試合の中で〝こんなことはやったことがない〟ということはないようにしよう、と常に考えていた。一〇〇試合に一試合、起きるかどうか分からないようなプレーでも、しっかりと叩き込んだね。要するに〝ここまで教え込んだら、負けるはずがない〟と思えるくらいまでチームを完璧にしたいというのが俺の指導方針だった」

松坂ら数多くの好投手を世に送り出しているから、選手育成に特化した指導方針を持っているのかと思ったが、小倉は「甲子園を目指すこと、甲子園に出ることが選手の成長につながる」と言う。

小倉が力説することは、おそらく高校野球指導者の総意なのだろう。

「プロ野球の世界でも間違いなくやれるという素材であるなら、甲子園出場なんてどうでもいいと考える奴はいるかもしれない。でも、プレーしてみないと実力が分からないし、凄い投手になりそうだと思ったら、まずは甲子園を目指すだろう。ソフトバンクの千賀滉大投手のように、テスト生という立場からあれほどの投手になれることは、なかなかないんじゃないの。（甲子園を目指すような）大会で投げないことには、目立たないわけなんだから」

甲子園を目指す中で好投手が生まれる。小倉はそう考えている。

その〝最高傑作〟が松坂だった。

周知のように松坂は、高校での実績を引っ提げ、一九九九年からプロ入り。所属した西武ライオンズでは一年目から十六勝（五敗）を挙げるなど活躍した。ＮＰＢ在籍八年で一〇八勝を挙げる活躍で、沢村賞を一度受賞。二〇〇七年にポスティングシステムを利用し米大リーグのレッドソックスに移籍。ここでも一年目に十五勝を挙げるデビューを飾り、同年ワールドチャンピオンに輝いている。

メジャー四年目からはケガとの戦いで、二〇一一年に右肘靱帯を断裂した。靱帯を再建する〝トミー・ジョン〟手術を受けたが、以後は全盛期ほどのパフォーマンスを発揮することはなかった。二〇一三年にインディアンス、メッツと渡り、三十五歳となる二〇一五年に日本球界に復帰した。

松坂のキャリアを振り返ると、高校時代はもちろん、プロ入り直後から活躍して、とにかく登板を続けている。甲子園で連投したことがないダルビッシュ有（カブス）、複数投手制のなかにいた田中将大（ヤンキース）らより登板過多の印象は強い。

ただ、それは小倉の言葉にもあるように、「一〇〇まで教え込んだ」からでもある。体力をしっかりと付け、理にかなった投球フォームで投げ込んでいく。一五〇キロ近い速球、打者の手元で変化するスライダーは彼の代名詞だ。完投能力も高校時代で身につけた。ピッチング以外の周辺動作、クイックやけん制、フィールディングに至るまで、寸分のスキがないほど松坂は〝完成品〟だった。

高校時代はいくつもの伝説をつくった。そのうちの一つが、九八年夏の準々決勝のP

L学園戦だ。延長十七回までもつれた横浜対PL学園の戦いは、いまでも「球史に残る一戦」と語られるほどだが、この試合で松坂は延長十七回を一人で投げ切っている。二五〇球に及ぶ大熱投だ。

そして翌日の準決勝・明徳義塾戦では先発登板は回避したものの（四番・左翼で出場）、一点ビハインドの九回表に一イニング登板。翌日の決勝戦では京都成章を相手に、五十九年ぶりとなる決勝戦でのノーヒット・ノーランを達成した。凄まじい活躍だ。

松坂が高校時代に果たしてきたことの偉大さは、二〇一八年で一〇〇回を数える甲子園の球史のなかでも最たるものと言っていい。小倉の指導のもと「完成品」になった松坂はそうして高校時代に輝くことができたのである。

「完成品」にしてしまって良かったのか……

しかし、いま小倉は葛藤を感じている。いわゆる〝完成品〟にしてしまったことが、松坂にとって少しマイナスに働いた気がしているからだ。「何も教わったことがない状態にしたい」と指導方針を語った小倉が、いまになって葛藤を感じているのは、高校時代の「完成」がもたらす弊害を感じているからに他ならない。

「（松坂が）プロ一年目に十六勝して、イチローを抑えた時に〝自信が確信に変わった〟という言葉を口にしていたけど、これでやれるんじゃないかと、あいつ自身に思わせてしまった。これが少しでもできないことがあったなら、一、二年ほどの下積みを経験することができて、もう少し長く活躍できていたんじゃないか」

その言葉からは、「選手は未完成なくらいの方が良い」と言っているように聞こえる。松坂が高校生で完成してしまったことの弊害は、「本人が満足してしまって、節制をしなくなったこと」と小倉は指摘しているが、本来見つめるべき問題点は「目標設定」ではないだろうか。「甲子園で優勝するための完璧すぎる投手」という目標設定が、三十歳を迎える前に突然失速した遠因となっているように思えてならない。

では、松坂の野球人生は成功なのか、そうではないのか。

そう尋ねられたら、多くの人は「成功」に数えられるというだろう。私もその一人だ。甲子園で春・夏連覇を果たし、日本のプロ野球で大活躍した。メジャーでは、本人が目指したほどは活躍できなかったかもしれないが、ワールドチャンピオンには輝いている。十分なお金も稼いだ。

しかし、もし彼の持っていた才能が、「メジャーリーグ最高のピッチャーに与えられるサイヤング賞を何年も獲れるほどのもの」だったとしたら、どうだろうか。「甲子園優勝」という短期的な目標設定は、良かったのか……。

高校時代は三番手投手だった黒田

松坂としばしば比較対象となる選手の一人が、同じ時期にメジャーに在籍し、松坂を遥かにしのぐ活躍をした元広島の投手・黒田博樹である。彼の野球人生を振り返ると「高校生での完成」に疑問を抱かざるを得なくなる。

黒田は上宮高時代、三番手投手という位置づけだった。つまり、未完成の投手だった。

「もし、チームに黒田一人しか投手がいなかったら、あれだけの選手にはなれていなかったかもしれない」

そう語っていたのは黒田の高校時代の恩師・田中秀昌（現近畿大学）である。当時のチームには彼以上の投手が二人おり、黒田にはたくさんのことを求めなかったのだという。いわば、放牧状態にあったのだ。

「（黒田は）ひょろっと背が高くて投手らしい体型でした。でも、当時からすごい力があるとは感じていませんでした。というのも、黒田の代はいい選手がいっぱいいたんです。中学時代から有名だった選手がたくさん入学し、投手は二人いました。二枚看板をつくれていたので、はっきりいって黒田は（戦力として）眼中になかったんです」

黒田を起用するのは常に練習試合だった。というのも、大阪大会を勝ち抜いていくためには軸になる投手を作って、なおかつ疲労をためないようにして試合に臨まなければいけないからだ。当時は西浦克拓（元日ハム）、溝下進崇の二人の投手で回す計画があり、彼らを公式戦で使うため黒田が練習試合にあてがわれた。

田中は続ける。

「もちろん、本人には『クロ、チャンスやぞ！』という話はしていました。こちらとしても、期待するものがなかったわけではないです。でも結果が出なかったんです。ストレートは一三〇キロくらいでしたけど、キレのあるボールを投げていたんですよ。でも、制球難だった。フォームは良かったです。でも、変化球はいまいちでした。メンタル的にも自滅するタイプでした」

試合で結果が出ない。そのたび田中は黒田に厳しい言葉を浴びせ、走り込みを課したりした。それでも嫌そうなそぶりをしない我慢強さがその後の野球人生に繋がったのだろうと田中は回想しているが、未完成な投手だったことは間違いなかった。

ただそんな黒田でも一時、結果を残し始めていた時期があった。二年秋の近畿大会でのことだ。翌春のセンバツ大会の出場を賭けた大会で、黒田はベンチ入りを果たしていた。溝下の調子がいまひとつよくなかったこと、対戦相手の打線が弱かったこともあって、準々決勝の途中から黒田はマウンドに上がった。すると三イニングをぴしゃりと抑えたのだ。続く準決勝、そして決勝でも途中からマウンドに上がると、それまでの黒田とは別人のようなピッチングを見せたのである。

「ああいうタイプの選手は結果を出し始めると自信をつかむのかもしれないと感じましたけど、まさにそうなりました。『ええ感じやないか、クロ、甲子園も頼むで』と話したのを覚えています。本当にあの時は素晴らしかった」

しかし、人生のいたずらか。上宮は翌年のセンバツ大会には出場できなかった。過去のチーム内の不祥事が発覚して出場辞退を余儀なくされたからだ。全国大会に勝つことで得られる自信を摑むことができなかった黒田は結局、二人の投手に割って入ることはなかった。三番手投手として二人をアシストする役に甘んじて高校を終えた。

専修大学に進むと、黒田の才能は開花した。毎年、大学の練習が長期休暇になるころ、決まって田中のもとを訪れた。打撃投手などを務め、年々ピッチングが安定していく黒田にはプロへの可能性を感じたという。

田中は感慨深くこう語る。

「高校の時のクロがプロの世界に行くなんてことは全く思っていなかったですね。それを果たせたのは彼の性格でしょう。どれだけ怒られても一生懸命やっていました。反骨心もあったと思います。甲子園に行けなかったので、甲子園組には負けたくないと大学の時は言っていました。ピッチング的なことで言えば高校時代、技に走らなかったのが良かったのかもしれません。彼の持ち味はストレートだったので、『お前は変化球なんか磨かんでええ。ストレートで押せ』とストレートにこだわるようにとは言っていました。でも、それができたのは二枚看板の投手がいたからです。黒田は大きく育てようという気持ちになれました。高校野球の監督には甲子園に出ないといけないという使命感があります。だから、もし、黒田しかチームに投手がいなかったら、指導法も起用法も変わっていたでしょうね。高校時代は開花しませんでしたけど、それが彼にとっては良かったのかもしれません」

藤浪晋太郎と大谷翔平にも通じる対比

藤浪晋太郎と大谷翔平の成長過程も、対比してみると興味深い。

同学年の二人は高校三年の春のセンバツ大会で直接対決している。結果は九―二で投手としては藤浪の圧勝だ（打者大谷は藤浪からホームランを打っている）。

しかし、このときの大谷は未完成だった。というのも、前年夏の甲子園に出場していた大谷は、その際に骨端線を損傷していた。長く尾を引いたケガで、前年秋の大会にほとんど出られなかったのだ。

その際、花巻東の佐々木洋監督は、大谷に技術練習を一切させず、身体づくりに専念させた。負荷の掛かる練習ができなかった大谷は早々に練習から切り上げさせ、全体寮とは別の学校が借りている下宿先に住まわせた。ご飯を食べてしっかりと睡眠を取ることで、身体の成長を促そうとしたのだ。

その成果が実って大谷の身体は大きくなり、後に一六〇キロのストレートを投げられるようになったと佐々木は回想しているが、その分投球フォームの安定性は欠いていた。藤浪と対戦したセンバツ時は一球一球、リリースポイントが違っていたほどで、制球は荒れていた。当時、使っていた変化球もカーブが主流だった。なぜなら、スライダーを多投すると投球フォームが崩れるからだ。

一方、前年秋からケガなくやれた藤浪は、フォームをしっかりとつくり、再現性も生み出した。スライダーを投げてもフォームが崩れることはなかったし、ほぼ完成していた状態だった。大谷を破ったあと、破竹の勢いで勝ち上がり春の頂点にたった。夏も甲子園に出場すると、決勝戦は完封勝利で連覇を達成、藤浪は甲子園優勝投手となったのだ。

その後の二人は一年目こそ藤浪が大谷をリードしていたが、立場が逆転し、年数を重ねるごとに差が開いている。いま大谷はメジャーリーガーとなり世界を席巻している。もちろん二人には能力差もあったが、高校時代は「完成している」とも言われた藤浪がいま苦しんでいる姿を見ると、高校時代の「完成度」というのはあくまで高校野球のフィールドだけのものであって、選手にとって必ずしもプラスに働くものではないと思わずにはいられない。

小倉はいかなる場合も「一〇〇を目指して教えている」と語っていた。だが「普通の選手はいかない。涌井でも一〇〇には到達しなかった」。

しかし、松坂は到達した。もっといえば、「到達してしまった」。つまり、彼のピークを「早熟させていた」ともいえる。

〝甲子園優勝〟という、野球人生のトータルで考えれば大きいのか小さいのかも分からない目標を達成するために、一人のアスリートの可能性を手前に設定してしまった。小倉の「未完成なまま送り出していれば、松坂はもう少し長く活躍できていたかも知れない」という主旨の言葉には、甲子園を巡る指導者の葛藤を感じずにはいられない。

だが、もし未完成なら、春・夏連覇はできていただろうか。これは藤浪にも言えるだろうし、島袋や斎藤にも言える。「甲子園」を基準にして完成してしまい、結果、彼らはその後の人生で苦しんでいる。

これは小倉や彼らの指導に携わった指導者への批判ではない。甲子園の存在が球児を早熟化に向かわせていることに気づかなければいけない。

ここに挙げた甲子園優勝投手の野球人生はまだ終わったわけではない。いま、もがきながらも、一生懸命に這い上がろうとしている彼らに、「成功」「失敗」を問うのは早すぎる。ただ、彼らにもいずれ現役生活を終えるときがくる。

甲子園で優勝することは成功なのか、そうではないのか――。野球界はその問いと向かい合わねばならない。

第四章　メディアが潰した「スーパー一年生」

二〇〇三年から、夏の甲子園を一回戦から決勝戦まで十五年連続で取材してきた。もともとのキッカケはある指導者が口にしていた言葉を心にとめていたからだ。

「甲子園で勝てるチームはどんな要素を持っているのか。それを知りたかったら、甲子園の一大会を全試合観戦すれば分かる」

スコアを付けながら試合を観戦し、自分なりに勝負の分かれ目などを頭で整理する。そして、試合後に監督や選手の談話を聞いて答え合わせをするのだ。地道な作業だったが、一大会が終わると「分かる」領域とはいえないまでも、野球の試合がどうやって動くかがおぼろげながら見えるようになった。

監督の采配を見極める勉強になったし、高校野球におけるメンタリティの重要性を知ることもできた。甲子園のスターと呼ばれる選手たちの強さみたいなものも見えてきた。

年数を重ねれば重ねるほど、「甲子園」がどういう存在であるかがはっきりしてきたものだ。ここ数年はネットメディアで記事を書く機会が増えたために、すべての試合を観戦することはできなくなったが、大会を見通すという作業は確かな発見をくれるものだった。

そうして一大会観戦を重ねる中で、疑問を持つことが増えたのもまた事実だ。その問題のひとつが、高校野球を報じる〝甲子園メディア〟の存在だ。

中田翔と並び称された二人の一年生

十年ほど前から高校野球の報道にはある傾向がみられるようになった。将来性のある選手を下級生の頃から取り上げ、スーパースターのように取り扱うというものだ。

たとえば、ある雑誌では高校に入学したばかりの一年生が列挙され、強豪校に進学して期待されていると丁寧に特集されていた。十五歳の身空の高校生たちが過剰に取り上げられ、スターに祭り上げられる風潮は、さすがに看過できるものではなかった。

もっとも忘れられない記憶として残っているのは、二〇〇五年のことだ。

当時の高校野球シーンでは、ある一年生が注目を浴びていた。広島県から激戦区・大阪府に野球留学し「投げては松坂大輔、打っては清原和博クラスの逸材」と騒がれていた大阪桐蔭の一年生・中田翔（日本ハム）である。

彼の噂は高校入学後から近畿圏内では評判だった。筆者も四月の初頭に取材に行ったのだが、そのポテンシャルの高さに度肝を抜かれたのを覚えている。入学直後ですでにストレートの球速は一四五キロを超え、多彩な変化球を操り、打撃の方でも鋭い打球を飛ばしていた。「ＯＢが練習参加しにきたのだと思った」といったプロのスカウトがいたほどだ。

中田は一年夏の大阪府大会でレギュラーを獲得すると、投打でチームを引っ張り、同校の三年ぶりの甲子園出場を後押しする活躍を見せたのである。本大会では一回戦の春日部共栄戦で「五番・一塁手」としてスタメン出場。五回途中から辻内崇伸（元巨人）を救援している。打席では五打数四安打、左中間スタンドにアーチも架けている。そのまま勝ち上がってベスト４に進出した。

一年生とは思えないパフォーマンスを発揮したのは間違いなかったが、当時の甲子園メディアは中田だけでは飽き足らず、同じ一年生二人に着目していた。

ひとりは同大会で準優勝を果たした京都外大西のクローザー・本田拓人。もうひとりは、山形県大会の決勝戦で二本塁打を放ち、甲子園でも一回戦の姫路工戦で本塁打を記録した酒田南のスラッガー・美濃一平だった。

ほぼストレートしか投げられなかった本田、小柄な美濃は中田と比べると見劣りしたが、当時の甲子園メディアは彼らを「スーパー一年生」と担ぎ出したのだった。

あのときの報道が彼らにどれだけの影響を与えたのかはずっと気になっていた。なぜなら、中田を除く二人は、その後野球の表舞台から消えていったからだ。

十三年後のスーパー一年生

二〇一八年三月、筆者は美濃を取材する機会を得た。

「スーパー一年生」と取り上げられたことは彼の人生にどれほど影響を及ぼしたのか。取材は、まず当時の報道を聞くことから始めた。

「結果が出た選手を取り上げるのはしょうがないと思います。一年生だから報道してはいけないということではないような気がします。清宮（幸太郎）君も一年生の時から取り上げられていましたけど、打っているんだからしょうがないですよね。野球でも、どんなスポーツでも結果がすべてです。五輪でもメダルを獲った人が帰国してきた時は報道されますけど、そうじゃない人たちはいつ帰って来たのかさえ分からないですよね。活躍している選手をマスコミの人が追うことは悪いことではないと思います」

奈良県葛城市出身の美濃が野球を始めたのは小学一年生のころだ。

主に内野を守り三番を務めることが多かった。中学からは硬式野球の道へと進んだが、小学六年生を迎えたころには野球で人生を切り開く覚悟があったという。

「『俺は野球で高校に行くから、勉強の成績は口に出さんといてくれ！』と親父には言いました。どんな気持ちで言ったのかは覚えていませんけど、野球で勝負しようという想いはありました」

それほど強い志があったから、高校が地方の私学への野球留学となることに迷いはなかった。十数校の誘いの中から、待遇と監督が関西出身であることを決定理由に、山形県の私学・酒田南へと進んだ。

とはいえ、当時の美濃にエリート意識があったわけではない。もともとは地元の強豪・天理や智辯学園を熱望していた。しかし、希望通りの進学先には進めなかったし、そもそも中学時代に全国大会に進んでいなかった。自身よりレベルの高い選手がたくさんいるという認識も持っていた。

ところが、酒田南の門をくぐってみると、いきなりレギュラーとして抜擢された。本職の遊撃手ではないものの、三塁手として起用され「そのうち外される」という本人の見立てとは裏腹に、夏の大会の最終メンバーにも残ったのだった。

「その頃は自信があったわけではないんですよね。『一年から試合に出なくてもええやろ』くらいに思っていたほどですから。最初は僕たち一年生八人が練習試合などの遠征メンバーに入っていたんですけど、一人、二人、三人と減っていくなかで、最後まで夏の大会のメンバーに残ったんです。大会が始まって、僕はそれほど打っていたわけではなかったので『ええ加減に外してくれよ』という気持ちが一時期はありました」

美濃の評価が一気に高まったのは、夏の山形大会決勝だ。

当時の山形県には、外国人留学生を擁する羽黒を優勝候補の筆頭として、日大山形、東海大山形の私学が上位戦線を形成していた。なかでも羽黒は同年のセンバツ大会に出場。ブラジル人エース・片山マウリシオを擁し、山形県勢初のベスト4に進出していた。

決勝戦はその羽黒との対決となったが、美濃は一打席目、止めたバットに当たる一塁ゴロに終わった。しかし、この平凡な結果が彼の本能を呼び覚ますことになった。

「止めたバットに当たったのがフェアグラウンドに入るなんて、あんな恥ずかしいことは野球人生で初めてでした。ランナーがいないのに、送りバントをしたような打球でしたから。それまではホンマにスタメンから外してくれと思いながらプレーしていたんですけど、どう考えても替えてくれそうにない。だったら、もう思い切りいったろと」

二点ビハインドの四回の第二打席、走者を一人置いて打席に立った美濃がバットを一閃すると打球はスタンドに飛び込む同点本塁打となった。一点を追って迎えた土壇場の九回、今度は先頭で打席が回ってきたが、ここでもバットを振りぬくとボールは左中間スタンドに届く同点弾となったのだった。

「それまでの試合でほとんど打っていなかったんで、嬉しいというより必死でした。『やってやった』という感覚はなかったです。二本目を打った時は、九回の先頭打者だったんで、ベンチでは負けを覚悟して泣いている人もいたんです。監督から『絶対に出塁しろ』と言われて……。打った瞬間はセンターフライやと思ったんですけど、一塁ランコー（ランナーコーチ）が飛び跳ねて喜んでいるのをみてホームランだと分かりました。『凄いことをやってもうた』みたいな感覚でした」

延長にもつれた試合を決めたのも美濃だった。決勝タイムリーを放ち、酒田南の甲子園出場を決めた。試合後は先輩たちから「ありがとう」と何度も感謝され、三十人ほどのマスコミに囲まれた。まさにスター扱いだった。

それでも、美濃の中にスターになった気分は微塵もなかった。右も左も分からないままに、高校野球に身を投じていきなりスタメン抜擢。結果が伴わない中で試行錯誤してようやく仕事ができたという感覚しかなかったからだ。

勘違いの始まり

美濃の気持ちが変わり始めたのは、甲子園一回戦・姫路工戦でホームランを打った後だ。もともと「スーパー一年生」として注目を浴びていた中田、大会に入ってチームを救う好投を見せていた本田と並び称されるようになり、二人に意識を持つようになった。

「一回戦でホームランを打った日の夜にABCテレビの『熱闘甲子園』を見ていたら、酒田南の試合があった日なのに、中田と本田が紹介されていたんです。そして、そのあと僕のホームランが取り上げられました。その時に初めて中田と本田を知りました。正直、先輩にからかわれるので自分だけが取り上げられたのは嫌やったんですけど、中田や本田も一年なんやなぁって知るきっかけになりました。その後から二人を意識するようになりました。あいつらには負けたくない、と」

大会は三回戦で敗退。当時の山形県勢は夏の大会でベスト8進出を果たしたことがなかったから、美濃の登場には大いに期待が寄せられたものだ。次世代を担う「スーパー一年生」の存在は、中田らと重ね合わせることで、注目度が肥大していった。

もっとも、世間からの注目に苦しむのは、甲子園を終えた後からだった。

美濃は回想する。

「周りに意識させられるというか、自分の考えとのギャップがありました。僕は入学した時からプロに行けると思っていたわけではないんですけど、どこの球団に行きたいの？　とマスコミの方に聞かれると意識してしまいますよね。マスコミの存在も大きかったし、山形は田舎やからよく声を掛けられたんです。『写真を撮らせてください』とか、『ファンなんです』とか、『美濃君、頑張れよ』とか。『女の子から紹介して欲しいと頼まれている』と友達から言われたこともありました。自分は注目されていると思っていなくても、周囲から必要以上に意識させられました」

知らず知らずのうちに鼻が高くなっていた。普通の高校生なら日常生活で声を掛けられることはない。ところが同級生といると、美濃だけが周囲から視線を浴びる人気者なのだ。

当然、周囲からの視線は試合の時も同じだ。それが、さらに彼を苦しめた。もともと美濃はホームランバッターではない。高校に入ってからの本塁打の一〜三本は一年夏の県大会決勝以降だ。つまり、入学後から一年夏の県大会決勝までホームランを一本も打っていなかったが、目立つ場面でアーチをかけたために、周囲からの視線が「美濃＝ホームランバッター」となったのだ。そして本人も知らず知らずのうち、自身のバッティングスタイルを見失ったという。

「甲子園に出場したからといって自分のできることが大きく変わるわけではないじゃないですか。もちろん成長はしますけど、急に甲子園で一五〇キロが投げられるわけでも、急に飛距離が伸びるわけでもない。だから、僕のプレースタイルは変わってはいなかったんですけど、周りからすごいバッターだと見られている意識はすごくありました。打って当たり前みたいな。だから、かっこいいところをみせないといけないと思いながら、打席に立っていましたね。僕がやりたい野球とはかけ離れていました」

日常生活でも、グラウンドにいても、自分を見失う日々は十六歳の高校生には荷が重かったに違いない。周囲の目と等身大の自分とのギャップに苦しみ、結果が出ないもどかしさにストレスはたまるばかりだった。

一方で、高くなった鼻っ柱を折ってくれる人物も周りにはいなかった。お山の大将となり、同級生からは完全に孤立していた。指導者からも声を掛けられることはなかった。

二年春、そして夏の甲子園出場を逃すと、美濃はチームに溶け込めなくなっていた。時間を共有するのは高校野球を引退した先輩たち。自分のことを特別扱いしないから居心地がよかったが、同級生への態度はエスカレートし、どんどんチームと心が離れていった。

そんな折、西原忠善監督に呼び出された。美濃はなぜ呼び出されたのか、察しがついていた。それまでの自分の素行や態度が、チームメイトを通して監督の耳に入っているのだろう、と。

美濃の予想は間違ってはいなかった。

しかし、監督の一言に、彼は態度を硬化した。

「『お前、なにしたんや？』と聞かれたんですけど、『すいません。僕に関して言われていることは事実です』と返しました。すると監督からは『これからどうすんねん？』と言われて……僕は調子に乗っていたんでしょうね。監督は引き止めて当然やろと思って、『学校辞めます』って言ったんです。そうしたら、『分かった。今日中に寮を出ていくように』と」

いまなら、自分の態度は良くなかったと思える。しかし、一年夏のデビューから約一年半、周囲から作り上げられた虚像の「美濃一平」は、自分を完全に見失っていたのだ。彼の高校野球はここで幕を閉じた。

単位を取るテストを受けるため、退部してから一度、山形に滞在したが、野球部の誰とも会うことはなく、西原監督にだけは挨拶に行った。その時に西原から掛けられた言葉は、美濃のその後の野球人生を暗示したものだった。

「監督に会いたくはなかったんですけど、野球部の部長に言われて挨拶に行きました。『頑張れよ』と一言言われました。そのとき、僕は『何を頑張るんですか』とたてついたんです。寮をすぐに出ろと言った人になんで『頑張れ』なんて言われなあかんねんって思っていたんで。いまなら、どういう意味で言っていたか分かるんです。『甲子園で活躍して辞めたやつ』というレッテルを貼られて、僕は生きていかなければいけない。たとえ野球を続けて、プロのスカウトが見に来るような選手になっても、レッテルを貼られたまま見られるわけじゃないですか。そういう意味での『苦しい道になるけど、頑張れよ』ということやったんかなと」

美濃はその後、大阪産大附に転校して半年間野球部に所属したあと、履正社スポーツ専門学校を経て、独立リーグを転々とした。「過去の実績にとらわれずみんながプロを目指している」という独立リーグの中で野球をするのは心地よかった。志半ばになっていた夢をもう一度追いかけた。

しかし、叶うことはなかった。二〇一四年、現役を引退した。

子どもを翻弄する「責任を取らない大人」たち

美濃は酒田南を退学したことを後悔しないと決めていたが、現役を引退して気付いたのは、彼が野球を続けてきた動機になっていたのは、酒田南の野球部のことだった。

「酒田南を辞めたことを後悔していないつもりでいたんですけど、高校を卒業してからも野球を続けたのは、酒田南の同級生だった山本斉がヤクルトに入団したからです。『なんで、あいつがプロに入れるねん』って本気で思ったし、『あいつで行けるなら、俺も……』と。反対に二〇一四年に僕が引退を決意したのは、あいつがヤクルトを戦力外になったからです。『もう、本気になられへん』と。結局、酒田南を辞めたことがずっと心の中にはあったんやと思います」

美濃の話は、単なるひとりの高校球児の転落ストーリーに聞こえるかもしれない。しかし、彼をそうさせてしまった環境が高校野球界にあることを忘れてはいけない。

高校一年夏、美濃が二本塁打を放つなどの活躍をしたことで、酒田南は甲子園出場を果たすことができた。その一方で、メディアから大きく取り上げられ、時の人となった「美濃一平」は、実際の本人よりも高いところに設定された人物像によって、正気を失った。

甲子園のスター誕生が、興味を掻き立てるのは事実だ。しかし、誰もが中田のようになるわけではない、時として、美濃のような悲劇も引き起こしてしまうのだ。

美濃は毎年のドラフトをみるとき、高校時代のことを思い出すのだそうだ。もし自分があのまま野球を続けていたら、どのポジションにいたのだろうか、と。同学年の中田が侍JAPANに選出されWBCに二度出場しているだけに、自分のもう一つの人生を想像すると悔しさがオーバーラップしてくるのだという。

一方、いまの高校野球を取り巻く環境についても感じることがあるという。これはおよそ十年前、「スーパー一年生」とはやし立てた筆者らメディアに向けたものだと厳粛に受け止めたい。

「高校生は未熟なので『ドラフト一位候補』や『ドラフト候補』と言われると、本人はそのレベルの選手ではないと自覚していても、意識はすると思うんです。でも、プロに行けるかどうかなんて一〇〇％ではないじゃないですか。高校生のことを増長させる表現を使うのは疑問に思います。メディアの人は選手を取る側の人間ではないわけですから。ドラフト候補と騒いだ人たちが、その対象の選手がプロに行けなかったとして、声をかけてやるのか？　知らん顔じゃないですか。『〇〇選手は絶対にプロに行く』と記事を書いて、それが現実にならなかったとしても、書いた人が責任を取るわけでも声を掛けるわけでもない。責任を取らない大人がそうやって子どもの夢を勝手に大きくして、慢心させる環境は良くないと思う」

　昨今は特に強くなってきたが、新聞や雑誌を売るためや、ネットメディアのＰＶを稼ぐための材料として、スターをつくり上げる傾向は小さくない。さらに言うと、ここ数年、高校野球を盛り上げるのにお笑い芸人が一役買っている。彼らのような著名人が騒げば、世間に知られることも増えるだろう。しかし、安易なスターづくりは高校球児に必ずしもプラスにならない。

　二〇〇五年、彼らの将来のことを考えず、スターをつくり上げたひとりとして、高校野球を取り巻く「病」の中心に、メディアがあることは強く訴えたい。〝甲子園メディア〟の報道姿勢は今後、なんとしても改めるべきだろう。

第五章　プロ・アマ規定で置き去りにされた指導の在り方

　高校野球を取材していると、時折、不思議なフレーズに出あう時がある。

　それはメディアによってつくられたものばかりだが、ここ数年、特に耳にする機会が増えたのは「野球界の雪解け」という言葉だ。

　日本の野球界はプロとアマチュアが長く断絶した状態にあった。プロ側が学生の選手を在学中に引き抜くという横暴を働いたことから端を発しているのだが、アマチュアがプロ側とかかわることを忌み嫌って生じた軋轢だ。だが、三十年を掛けて双方が歩み寄る姿勢を見せてきたことから、規制されていたルールが緩和されてきた。これをメディアは「雪解け」と表現しているのだが、「野球界の常識」をあずかり知らぬ他の業界からみたら、バカげた話だろう。

　プロとアマチュアが断絶してきたことによって、もっとも影響を受けてきたのが高校生だ。というのも、この両者の断絶関係でできあがったルールによって、「高校生はプロの技術指導を受けてはいけない」とされてきたからだ。この規定がどれほど日本野球の発展を阻害してきたかは想像に難くない。このルールは現役でプレーしている選手、球団に所属する監督、コーチだけに該当するのではなく、ほんの数年在籍しただけのプロ野球選手はもちろん、スカウト、トレーナーまでにも適用されていたのだ。

その規制に変化が見られたのは、一九八四年に「十年の教諭経験」という条件付きで指導者の道が開かれてからだ。プロと関わらなくなってから十年間、教員をやれば高校野球の指導に携われた。かなり高いハードルだ。そこからルールは次第に緩和していく。九四年に「教諭経験五年」、九七年に「二年」と短縮された。そして、二〇一三年からは「学生野球資格回復制度研修会」を受講するだけで良いというルールになったのである。八四年の制度改正からこれほど軽くなったことは「進歩」と捉えられなくもないが、それまでに三十年以上が経過している。

この間に失ったものは大きい。日本の野球界のトップから知識・経験が降りてこない中でのアマチュアの指導は暗中模索にあったといっていいだろう。今日まで、日本の野球界の中に「野球指導の概念」が存在しないのはそのためではないか。

そんなルールの網にも負けず、元プロから教員になったケースがないわけではない。二〇一三年の制度改正から大きく増えたのは事実だが、教諭経験が必要だったころからアマチュアの指導者に転身した元プロ選手は存在する。

プロを知り、アマチュアに生きる元プロ野球選手たち。以前までの高校野球界では少数勢力だった彼らは、自身の経験と高校野球の在り方をどのように感じてきたのだろう。

彼らの言葉から高校野球がどの方向に向かうべきかのヒントをもらえるかもしれない。

そう思った筆者は二人の元プロ選手を訪ねてみた。

失敗した元プロだからこそ語れること

「甲子園の存在が、良くも悪くも大きなウェートを占めているというのはずっと感じていました」

そう語るのは元阪急ブレーブスの投手・竹本修だ。

阪急ブレーブスの中継ぎ投手として四年間在籍、球団職員を務めたのちに九四年に高校教諭に転身した。九五年から高校野球の現場で指導を開始し、二〇一六年に市立尼崎を三十三年ぶりの甲子園出場に導いた。プロ野球選手も輩出しており、金刃憲人（元楽天）、宮西尚生（日本ハム）が教え子にあたる。

「いまの野球界は、高校の間で結果を出さないと将来がみえてこないという現状にあります。野球とは経験を有するスポーツで、長いスパンの育成計画が必要です。そうであるのに、負けたら終わりの一発勝負の舞台（＝甲子園）がある。そこで結果を残すための〝促成栽培〟をしないといけないのは子どもたちにとって良くないことのように思います」

竹本が育てあげた金刃と宮西の両左腕は、兵庫県内では名の知れた投手であったことは間違いなかったが、急場しのぎの戦いの中では結果を残すことはできなかった。

「高校野球はトーナメントなので、負けたら終わりの中でやらないといけない。負けても明日があるリーグ戦と、そうではないのとでは育成において違う方法が考えられると思います。実際、一五〇キロを投げることができても、一発勝負では負けてしまうことはありますし、一二〇キロしか投げられなくても勝てることはある。遠くに飛ばす、速い球を投げる技術だけの指導は絶対にあると思いますけど、それだけに収まらないところが高校野球の指導の難しさだと思います」

竹本がプロ入りした二人の指導の際に施したのは、人間の心の育成と技術指導だ。投球フォームがある程度できあがっていた金刃にはマウンド上での振る舞い、人としての在り方を教えた。宮西は金刃の一学年下であったため、金刃の背中を見て育ったから、逆に技術指導に力を入れた。

ただこれらは、どちらも竹本のプロ経験があったからこそのレベルの高い指導だ。竹本は人間の心が育成できていないと技術は伸びないと、自身の経験則を教材に指導したと語る。

「プロで二軍に落ちてくる選手には二通りありました。『あんなところで起用されて力が発揮できるはずがない』と起用についてぐちぐち言っている選手、二軍に落ちてきても声を張り上げて若手の先頭に立って練習する選手です。前者はいつまでも二軍のままだし、後者は一軍にまた上がって定着していくんです」

竹本は前者だった。プロは力がすべて。練習をして力をつけてのし上がったやつだけが大金を手にして夢をつかんでいく。人間性など野球には関係ないと思っていたが、そのような姿勢では上手くいかないのである。

「僕は気に食わないことがあるとグラブを叩きつけるような選手でした。球団職員になって人の在り方を学びましたけど、振り返って自分の現役時代は考え違いを起こしていたなと思いました。だから、それを選手には教えました」

金刃に伝えたのは「投手はマウンドで不貞腐れたらアカン」「前を向いてやらなアカン」「バックに心配かけるような仕草をしたらアカン」「一喜一憂したらアカン」という姿勢の話ばかり。

「態度や行動は人の心を変えるんです。マウンドや普段の生活でも、やることを一定にさせていくと、気持ちも一定になっていく。人としての姿勢が向上していくと、金刃はどんどん成長していきました」

一方の宮西は金刃と比べると投球フォームに欠点があった。投球動作に入ると右肩がセンター方向に入り、体重移動の際に、身体が開くのだ。しかし、竹本は自身のプロ経験から投球フォームの癖を矯正すると選手が混乱するということを知っていた。トレーニングから意識を変えていったという。

「投球フォームが開く選手を矯正しようとする人は多いですが、僕はプロにいた時にフォームで苦労したので、それはやってはいけないと知っていました。宮西のフォームはぐちゃぐちゃで欠点はありましたが、むしろ、それでもボールが抜けない良さもありました。宮西は腕が長く、手が大きくて、指も長かった。その特徴が生きればモノになるとトレーニングをしっかりやりました。入学当初のストレートは一一〇キロでしたけど、高校三年生になって一四〇キロが出せるようになりました」

宮西が幸運だったのは目の前に目標とする理想の投手・金刃がいたことだ。選手としての姿勢は彼から学んだ。そして、竹本から体力・技術の向上を促され、倍速のスピードで成長できた。竹本が言及しているわけではないが、宮西の成長には二人が連続した学年であったことは多分にあるだろう。

とはいえ、二人がいても甲子園出場は叶わなかった。大学を経て彼らはプロ入りしたものの、世間からすれば、竹本は「甲子園に導いていない指導者」なのだ。二〇〇四年には兵庫県大会決勝まで導く手腕を見せたのだが、チームの成績が落ちていくと、竹本は一時、監督職を降ろされている。これが現実というものだった。

高校野球の指導とは一筋縄ではいかない。竹本は言う。

「トップアスリートを育てる、世界と戦える選手だけを育てるのであれば、甲子園がなくなれば変わるかもしれません。でも現実はそうじゃない。甲子園を目指して促成栽培をしなくてはいけない」

制度が改正されて門戸が開かれることは素晴らしいことだ。だが、プロだった人間に技術指導ができるからといって、彼らの指導がそのまま生かされるかどうかは決してイコールではない。

竹本の言葉を聞いていれば、高校野球界がどう改革していくと良い方向に進むかのヒントがいくつもあるが、そうした彼の知恵さえ、野球界は拒んできたようなものだ。

彼の声が届く組織体になっていないのは「甲子園」の存在だけが大きくなり、野球界は何を道標にしていくのかの指針がつくり出されてこなかったことに起因するだろう。そして、それは制度改正が進むいまになっても次なる議題として高校野球界が考えていかなければいけないことになっているように思う。

長く制度によって縛っているうちに失った〝空白の三十年〟は、プロの財産を食いつぶし、高校生の指導をなおざりにした育成の立ち遅れに繋がっていることを忘れてはいけない。

元プロだからって指導がうまいとは限らない

「本来は、指導者が学ぶ機関を作るべきだと僕は思いますね」

制度改正で門戸が開いたことについて語るのは大阪偕星の指揮官・山本皙監督だ。韓国のプロ野球にたった一年在籍しただけで、プロ・アマ規定の網に引っ掛かった不運な指導者だ。

山本はプロを引退後、語学力を生かして英語教員となり、二年の教諭経験を経て、二〇〇二年に倉敷高の監督に就任。大阪偕星では二〇一五年の夏、同校を甲子園初出場に導いている。その甲子園出場では「リアル・ルーキーズ」として注目を浴びた。やんちゃな集団を深夜にまで及ぶ練習で鍛え上げたというサクセスストーリーが賛否両論を呼んだからだ。

「当時はそう報道されましたが、内情は違うんです。子どもらに動機づけをしたことが、『やらなければいけない』という雰囲気を生み、夜遅くまでの練習に繋がったんです。僕には『やらせる』感覚はないです。数学の方程式が解けるようになれば嬉しいのと同じで、野球の中で達成感を感じてくれたらと。指導者はそのお手伝いをするアドバイザーと思っています」

山本がプロの世界に足を踏み入れることになったのは、大学を卒業後に尽誠学園でコーチを経験したことが起点になっている。

もともと津山商、大阪学院大学で中心選手として活躍していた。しかし、山本は野球の手ほどきを受けたことがないと感じていた。それが尽誠学園の指導法に触れたときに、たくさんの学びがあった。

「尽誠学園に入って、初めて野球を知ったんです。フォーメーションから戦術、投球フォームのバイオメカニクスなど多岐にわたってみんなが納得できるよう論理的に教えていたんです。そのとき、自分は野球ド素人だと痛感しました」

尽誠学園の指導陣の教えをまねているうち、山本は自身の投げるボールや打つ技術が向上した。そして現役に復帰し、アメリカ留学を経てNPBのプロテストを受けたのである。

一次試験は合格した。そして二次試験のフリーバッティングでも高いポテンシャルを見せつけ、プロのキャンプにも招待された。しかし、合格はならなかった。

「年齢が引っかかったんだと思います。当時、ダイエーでコーチをされていた高畠導宏さん（故人）に『なんで、もっと早くこないんや。若いときに受けに来ていたら獲れた』といわれましたから。それで韓国に渡りました。韓国は兵役の義務を終えてからプロ入りする選手がいますから、年齢のハンディがなかったんです」

韓国では一年のみのプレーだが、山本の野球観をさらに進化させたのがメジャーリーグ球団での練習だ。当時、所属したチームがピッツバーグ・パイレーツと合同練習をしていて山本も参加したのだ。メジャー球団と触れたことで、野球への考え方が一層深まった。

「アメリカはトレーナーがウオーミングアップから介入してくるんです。それほどトレーナーが尊敬されていました。彼らはシーズンオフに整形外科医たちと一緒に新しい知識を得る活動をします。その意識は日本と全然違うなと思いました。私はトレーナーと仲良くなりましたが、ウェイトトレーニングの知識が豊富になり、ピッチャーの肩や肘の使い方を知ることができました」

山本はそうして日本のアマチュア野球に所属するだけでは得られない経験を得たのだった。だが、例に漏れず、日本に復帰後、プロ・アマ規定の壁にぶつかった。

しかし山本は「僕のような少ないプロ経験しかない人間が指導できない足かせを作るのは反対だった」としながらも、同制度が作られてきた背景には理解を示している。

「プロ野球選手には社会性に欠ける人間がいますから、そういった意味では指導者を育成する機関を作るべきだと思います。元プロ野球選手だから野球に詳しいとみんな思い込んでいますけど、指導者として優れているかどうかは別の問題です。

日本の悪い風潮だと思いますが、元プロというだけで、みんなが珍重してしまうでしょう。『元プロ野球選手だ、すごい！』って。でも、ある人は正しくないことを教えているかもしれない。指導者が誰であれ、勉強して、研修して、人として人間性を試される場所は必要だと思う」

山本の指摘は的を射ている。

いまの野球界が解決しなければいけないことの根底には指導者育成の問題がある。それはアマチュアに限らず、すべてのカテゴリーに共通する課題だ。「プロにいた人間が言っているから正しい」のではなく、指導者の在り方とは何かから議論しあうべきだろう。だが現実はその機会さえ存在しない。

山本は「日本の野球界は指導者が勉強していない。元プロ野球選手だった人にもそう感じる」と語ったあと、こう続けた。

「いまのプロ野球界をみていて残念だなと思うのは、指導者として経験のない人を監督にするときがありますよね。阪神の金本知憲監督や巨人の高橋由伸監督はそうでしたよね。あれはおかしいですよ。監督になる人というのは、ちゃんと下のカテゴリーから指導者として経験を積んで、人として試されてからなるべきです。アメリカではどんな選手でもマイナーで勉強して、人として成長してからなります。現役時代に実績がなくても、指導者の能力が高ければ監督になれるのがメジャーなんです」

日本の野球界における監督選びは「観客動員」を意識しているところがある。監督は球団の看板でなければならない。そのため、指導力云々よりも知名度や人気が重視される傾向にある。

プロの世界がそうだと、日本の野球にとっての指導者の在り方そのものが軽薄になってしまうのではないか。プロ野球の監督ですら実績を積まない人間でもなれるものという認識がまかり通るのだから、野球における指導者の価値が高まってこないのだ。

競技人口が減り続ける理由も指導者にあり

山本は「監督はお客さんを呼ぶためのものだという考え方だから、日本の野球は興行の分野を抜け出せないのではないでしょうか。文化として野球が定着しない」と現状の問題点を指摘する。

実際、プロ野球の観客動員数は、各球団の努力もあって増え続けているが、野球人口は減り続けている。中学生の軟式野球人口はこの十年間で約十二万人減少しているという。これを「少子化の影響」と口にする人間もいるが、少子化のペースより競技人口の減り方の方が六倍早いから、この現実は無視できない。

指導者の問題を置き去りにしてきたから、こういう事態を招いたのだと山本はいう。

「なぜ競技人口が減って来たのかというと、指導者の教え方が論理的ではないからだと思います。少年野球の指導者をみてください。低学年の子どもから怒鳴りまくっています。僕は中学生の野球部の顧問をしたことがありますが、そのときも野球経験がない人が怒りまくって指導をしていました。そんな指導では子どもたちが野球を嫌いになります。指導者になる人間は人としていろんなことを知るべきです。人は皆一緒なんだよと。国籍や肌の色で人を判断してはいけない。どこの国の人も自分の親が死んだら悲しいし、自分の子ができたらうれしい。いろんな国の人と付き合ってみて、人はみんな同じなんだと僕は勉強になりました」

山本は自分たちのような、以前から高校野球界にいた指導者が正しいと思っているわけではない。プロにもアマチュアにも、しっかりと指導者が勉強をする、研修を受けるような機関を作って、段階を踏んで指導者になるべきだと考えている。

ルールの改正で多くの元プロ野球選手が高校生や大学生を指導する資格を得ることが

できた。それは大きな進歩だが、間違ってはいけないのはプロの世界を知っているからすべてが正しいというわけではないことだ。山本は、自身のプレーを頭の中で論理立てて説明できるプロ野球選手は多くないと感じている。

「元プロ野球選手がみな、野球の技術指導に詳しいのか。僕は疑問符をつけます。高畠さんからこんな話を聞きました。バッティングで『ヒッチする（スイングの際にグリップを下げる）』クセがある選手に、有名なバッターだったあるコーチは『ヒッチするな』と教えているのだそうです。でも、その方は現役時代、ヒッチしていた選手だったんです。つまり、自身の持っていた技術について頭の中で実証ができていないんです。自分のイメージだけで指導をしている」

大阪偕星高に、体重移動の際に頭が突っ込む癖のある右腕投手がいた。その理由を探っていくと、両肩を水平にして体重移動しようとしていることが原因と分かった。

山本がなぜ、その投げ方にしているかを尋ねると、その投手は中学時代、元プロ野球選手である指導者にそう教えられたと答えたという。

「でもね、その元プロ野球選手が現役時代にどんな投げ方をしていたかって、右肩を下げて投げていたんですよ。新人王になった人です。僕は右肩を下げる方が正解と思っています。プロ野球選手は経験が豊富で、技術を持っているかもしれないけど、それは能力であって指導力ではない」

とどのつまり、指導に関する機軸がないから、日本にいる指導者は経験論でしか語ることができない。それがプロ野球の監督を指導未経験の人物が務めることや、怒号・罵声を響かせる少年野球の指導環境へとつながっているのではないか。

山本は現状を嘆く。

「小学生を指導する体制を本気で考えないといけない。野球をやる場所も作ってあげないといけない。アメリカは上手くやっていますよね。目先のプラスマイナスじゃなくて、ちゃんと野球が文化になるようにしています。日本の野球は昔から興行みたいな感じがあるので『プロ野球がすべて』になってしまっている弊害を感じます。指導に関してはプロが入ってきましたが、どちらかが上で、どちらかが下というのではなく、(指導の在り方などを)ディスカッションしていくべきだと思います」

指導者の問題と競技人口の減少は繋がっていると感じる。だが、それは大人の身勝手な都合だけが優先されてきたルールがあったからに他ならない。野球界の未来を創造してこなかったことの代償は大きい。

第六章　日本高野連にプレーヤーズ・ファーストの理念はあるのか

この数年、〝プレーヤーズ・ファースト（あるいはアスリート・ファースト）〟という言葉がスポーツ界で頻繁に聞こえてくるようになった。

選手にとって何が最善かを考える。それは健康面やメンタル、環境面など様々だ。記憶に新しいニュースでは二〇一八年一月、サッカー日本代表の長友佑都選手による全国高校サッカー選手権大会の日程についての提言ツイートが世間をにぎわした。

「高校サッカーの感動の裏で、決勝に上がった二校の日程見て驚いた。一週間で五試合。いろいろな事情はあるんだろうけど、もう少し選手ファーストで考えてほしいな。選手が潰れてからでは遅いよ」

盛り上がるファンやメディアをよそに、世界で戦う男からの現実問題の提起に気づかされた人は多かったのではないか。日本国内にいると、そんな当たり前のことに気づけなかったりする。大会に歴史があり、メディアが主催権を持っていたりすると、冷静に物事を俯瞰するのは難しい。長友の訴えはサッカー界にとって価値あるものだったに違いない。

球数の上限を設定した米国のガイドライン

国内のスポーツを見渡してみて、どれだけの競技団体にプレーヤーズ・ファーストが根付いているか。少なくとも春・夏に開催される「甲子園大会」には、プレーヤーズ・ファーストの考えがあるようには感じられない。明らかに様子がおかしい投手がマウンドに立っていても、声援を送るのが高校野球の文化だ。重視されるのはいつも大会の価値や歴史であって、主催する日本高校野球連盟やメディア、ファンが球児の健康面について議論することはほとんどない。

一方、昨今のアメリカでは、投手の肩や肘をめぐる問題が取りざたされるようになった。メジャーリーグでは若い投手が肘の靱帯を損傷、あるいは断裂して再建手術（トミー・ジョン手術）を受けるケースが増えてきていることが背景にある。ケガの遠因に幼少期の投げすぎがあると危惧したＭＬＢ機構と米国野球協会は、打開策として投手の登板過多を防ぐためのガイドライン「ピッチスマート」を策定した。

例えば、一日の投球数は十七、十八歳で最高一〇五球。七六球以上投げた場合は次回登板まで四日間の休養を必要とする。試合に登板しない期間を年間四カ月以上設け、そのうち二、三カ月は投球練習をしない、などである。メジャーリーグに在籍した日本人投手では松坂大輔（中日）や和田毅（ソフトバンク）、藤川球児（阪神）、ダルビッシュ有（カブス）、田中将大（ヤンキース）らが同じ肘の症状を患っていただけに、日米間の意識の違いには驚かされる。

そうした中、甲子園大会は二〇一八年のセンバツ大会からタイブレーク制度の導入を開始した。

タイブレーク制度とはWBCなどの国際大会で取り入れられているルールで、延長戦に入って人為的に走者を塁上においてスタートさせ、試合の早期決着を目指すものだ。一イニングが終わった時点での得点差で勝敗を決する（同点の場合は続く）。開催期間が決まっている大会などでは頻繁に採用され、二〇一七年の第四回WBCでは侍ジャパンが二次ラウンドのオランダ戦でタイブレークの末に勝利している。

ようやく日本高野連も球児の健康面への配慮を見せ始めたようにも見えるが、実際にはタイブレーク制度を導入すると決めた一番の理由は、延長引き分け再試合の増加という運営上の問題である。

二〇〇六年あたりから延長十五回でも決着がつかず再試合になるケースが増加した。最も有名な試合では同年夏の甲子園決勝戦・早稲田実業―駒大苫小牧だろう。早実のエース・斎藤佑樹と駒大苫小牧のエース・田中将大の投げ合いは、延長十五回で決着がつかず三十七年ぶりに再試合にもつれ、高校野球ファンに多くの感動を呼んだ。決勝戦であったために日程には影響を及ぼさなかったが、その後から頻繁に引き分け再試合になることが多く、懸念材料となったのだ。

二〇〇七年夏に佐賀北―宇治山田商、二〇〇八年春に平安―鹿児島工と続いたのち、二〇一四年春に桐生一―広島新庄、そして二〇一七年春のセンバツでは福岡大大濠―滋賀学園、福井工大福井―健大高崎が二試合連続引き分け再試合となり、予定したはずの日程が後ろにずれこみ、休養日が消滅するなどの混乱が生まれた。

二〇一四年のケースでは、同試合の勝者がそのまま決勝戦まで勝ち上がった場合、再試合を含めて四連戦を余儀なくされることになる日程だった。そうした経緯を踏まえて、今年からタイブレーク制度を導入するに至ったのだ。

この決定について、日本高野連の事務局長を務める竹中雅彦はこう説明している。

「甲子園での延長戦には名勝負が多くあって、高校野球ファンには大変喜んでもらってきました。その反面、再試合になると（当該高校はそのステージで）二試合をこなすことになる。延長戦のイニング数を減らしたり、九二年夏の大会での沖縄水産の大野倫投手の問題（疲労骨折を患いながら登板）が起こったあとには、大会前の肩・肘の検査を始めたりするようになりました。大会中に理学療法士を常駐させるなど、日本高野連は、年々、選手の健康管理には気を配ってきました。

　そういう歴史がある中でタイブレーク制度も検討しないといけない、というのがここ数年の課題でした。ただ現場から（タイブレーク制度への）アレルギーみたいなものがあって、なかなか前に進まなかったのですが、昨春のセンバツで二試合連続引き分け再試合になり、これはもう踏み切った方がいいと決定に至りました」

　竹中の話を聞くと一見、日本高野連は選手の健康管理により力を入れ始めたように思えるし、メディアの中には「日本高野連が選手の健康管理を考慮するようになった」という報道もあるが、それはあくまでも副次的な理由である。竹中は「現段階では、少なくとも、再戦のリスクを少なくしようということ。これは次善策であって改革ではない。

制度改正の次の段階は投手の投球回数・球数制限である」と道半ばであることを認めている。

投球回数・球数制限について検討もしてこなかった日本高野連の以前の姿勢を考えれば、事務方の長である竹中が「将来的には導入の方向」と口にしている事実に、組織としての大きな変化を感じることはできる。しかし、その言葉を聞いても前向きに受け止められないのは、タイブレーク制度導入までに要した時間があまりにも長かったことに加え、日本高野連の決断の背景に「プレーヤーズ・ファースト」の観点を感じることができないからだ。

日本高野連がタイブレーク制導入の動きをようやくみせたのは、二〇一四年の秋からだ。同年の明治神宮大会の開催中に、各地区ブロックの高校野球連盟の代表者が集められ、タイブレーク制導入への意見交換が行われた。

世間的な見方として、日本高野連は一方的な命令を下す機関のように思われがちだが、それは今となっては昔のことだ。八田英二会長のインタビューをしたことがあるが、会長は「日本高野連は調整役」と語っていた。指導現場の意見を吸い上げてまとめるのが、現在の方針なのだ。

二〇一四年の会議のあとに会見を開いた竹中は「（タイブレーク導入について）反対意見もあった。トップダウンの決め方はしたくない。しっかり意見を聞いて決めたい」と即座の決定に至らなかったと説明していた。結局、タイブレーク制導入への最初の動きから実現まで三年を要している。もっと言えば、内部での議論はあったかも知れないが、その前には公的に検討もしていなかった、ということになる。このスピード感の無さに、日本高野連の組織としての限界を感じるのだ。

なぜ、これほどの時間を要したのか。竹中はこう釈明する。

「もっと早く決めるべきだという意見は分かります。ただ、いくつかの事例が積み重なって『やむなし』という状況になったところで導入するのが一番いい。現場の声などを聞くと、思い切って踏み切っていいものか、ためらう部分がありました。やはり私たちとしては現場の声を優先したい。現場の声とは、指導者、選手の声です。私も指導者だったものですから、やはり、試合を最後までやり切って決着を付けさせてあげたいという気持ちがありました」

日本高野連が新制度導入をためらってきた遠因には、現在の高校野球を取り巻いている環境がある。報じるメディアを含めて作り出される現場の「空気」が、思い切った策に打ってでることを止めさせるのだろう。

第一章で紹介した木更津総合の千葉貴央投手は「甲子園が魅力的過ぎるんです」と語っていたが、いまの高校野球界に充満しているこの空気を改善するのはそう容易ではない。昨年センバツでの二度の再試合をめぐる報道が、それを証明している。

当時のケースを振り返ってみると、延長十五回までもつれて再試合になった二カード（福岡大大濠—滋賀学園、福井工大福井—健大高崎）のうち、三人の投手が一七〇球以上投げている。初戦で一九六球を投げた福岡大大濠の三浦銀二投手は、中一日あけての再試合でも先発して九回を完投し、一三〇球を投げた。

しかし、このあとメディアが称賛したのは三浦を起用した福岡大大濠・八木啓伸監督だった。理由はこの試合（二回戦）の後に進んだ準々決勝戦で、三浦の登板を回避したからだ。

「疲れを気にしたというよりも、ウチは優勝が目標ですので、それを考えたときに三浦を休ませるのはこのタイミングしかないと思った」

つまり、エースを休ませたのは「勝つための戦略だった」ということだ。八木監督のこの言葉には、「プレーヤーズ・ファースト」の不在がはっきりと読み取れる。

他の指揮官の決断は福岡大大濠の指揮官より納得できるものだった。特に、健大高崎の青柳博文監督の言葉は的を射ている。

「甲子園で再試合をすることになるかもしれないというのは、数年前から想定していたことでした。だから、複数の投手をつくるようにしてきました。二〇一二年のセンバツで、うちはベスト4に入ったのですが、その際、エースだった三木を一人で投げさせたんです。すると、その後、故障して夏に投げられないということがありました。選手の健康状態に関して、理学療法士をチームに呼んでケアをしてもらっています。僕では分からないので、投げすぎた場合などは、専門家の意見を聞くようにしています。理学療法士さんから指摘があれば選手が『大丈夫』だといっても、その言葉は信用しません」

しかし、青柳監督の言葉がメディアから称賛されることはなかった。称賛されるのはいつも「勝とうとした指揮官」なのである。

日本高野連の竹中もこう述べている。

「福岡大大濠のケースでは、二回戦の後、投げさせなかったですよね。僕はあれで若干救われた気がしました。指導者は選手を誰よりも見ているわけで、彼らの判断を尊重すべきやと思います。周りは起用法についてナンボでも言えると思う。でも回復が早い選手なのか、連投ができる選手なのかどうかを見極めていくのは指導者の目ですから」

理学療法士の見解

筆者は大会に常駐している理学療法士に見解を聞いた。

甲子園の春・夏の大会には、理学療法士が球児たちの身体のケアに当たっている。試合後のクールダウンだけでなく、希望する学校の全チームが治療まで受けることができる。再試合に及んだチームの中から、福岡大大濠の三浦と滋賀学園の棚原が試合後のクールダウンとは別に治療を受けている。いずれも二試合ともに投げた投手である。

治療を行っているのは日本高野連から委託を受けている「社団法人・アスリートケア」である。「個人の見解と組織としての考え方は少し違います」と前置きしたうえで、理事・椎木孝幸、久田信壱が語ってくれた。

彼らが日本高野連から依頼を受けているのはコンディショニング調整だ。久田は言う。

「大きい枠でいうと、選手たちの疲労回復が私たちの役目です。試合後にクールダウンをしますが、筋肉の堅い所に対してストレッチ、筋肉の柔軟性を上げることを目的としています。投手に関しては疲労が多いと言われている肩関節の後ろのストレッチ。前腕のストレッチをやっています。それ以外にはどこに強い疲労を感じるのかを本人から聴取させていただいて、その子に合わせたストレッチをしています」

いわば、彼らの仕事は「次への準備」ともいえるだろう。疲れ切った身体をなるべく緩めて、次戦へのコンディショニング調整を行う。当然、回復への限界はあるのだが「少しでも良い状態にしてあげて欲しい」というのが日本高野連の思惑であるようだ。

健大高崎のように私学の強豪校などは、チームに理学療法士を置くことができるが、公立などすべての学校というわけにはいかない。公平性を保つ意味で、彼らが雇われているのだ。いかにも日本高野連らしい配慮だが、常駐の理学療法士に意見具申の権利があるわけではない。そもそも、彼らは医者ではない。ある程度のアドバイスはできても、チーム付きではないから「登板禁止」などの勧告はできない。

ただ、彼らはたくさんの治療実績のなかで感じているところはある。

同団体の代表理事の椎木は指摘する。

「投手は疲労がたまってくると、投球フォームが崩れてきて肩や肘にストレスがかかって痛みがでて、故障に繋がります。何球投げても大丈夫な子はいるんですけど、その見極めを指導者がするのは難しいでしょう」

言葉尻だけを捉えて批判するつもりはないが、日本高野連の竹中が、福岡大大濠の投手起用について、「指導者にしか分からない。身体のことだから見事な判断」と評価していたのに対し、身体ケアの専門家である理学療法士の意見は異なっている。

この温度差こそ、「プレーヤーズ・ファースト」があるかどうかに起因しているのではないか。勝利至上主義に汚染されていると、身体の発するメッセージに気づけなくなってしまうのだ。

そもそも、福岡大大濠の三浦が一九〇球以上投げた翌々日にも先発した理由は、二番手以降の投手をつくることができなかったからだ。つまり、指導者に責任がある。前年秋の公式戦で、八木監督は三浦以外の投手を一試合も登板させなかった。地域の予選では少し登板させたようだが、福岡大会、九州大会、神宮大会と目先の試合で勝利することに突っ走り、安定感のある三浦だけをマウンドに立たせてきたのである。

日本高野連が重視する「現場の声」のうちの一つが八木監督とするなら、タイブレーク制度導入に時間がかかるのも当然というしかない。長期的に選手の健康をどう確保するかという意識のない指導者、それも「名将」とされる指導者が少なくないのだ。

ただ、八木監督に同情するとしたら、現状の高校野球の年間スケジュールにも問題はある。

トーナメント戦のやりすぎを見直せ

筆者は、今の高校野球が解決すべき問題はふたつあると感じている。ひとつは年間のスケジュールが詰まりすぎている点である。

高校野球は夏の大会が終わると、すぐに春のセンバツへの参考となる秋季大会の地区予選が始まる。春のセンバツは「招待大会」でありながら、選抜されるチームは地区大会の成績が重視されている。これは「選考大会」などといわれるが、秋の都道府県大会、その先の地区大会が参考資料となる。

三年生が引退し、新チームに移行してこれから失敗を重ねて、個人やチームの問題点を出した上で成長していこうという時期に、もう「負けられない戦い」が始まってしまうのだ。大会は都道府県によって開始時期が異なり、一次予選が夏の甲子園期間中に始まっているところさえあるほどだ。そんな環境では、一四〇キロを超すストレートやキレのある変化球で相手を圧倒できる投手、あるいは安定感のある投手がいれば、その存在に頼ってしまうのは当然だ。このスケジュールは改善すべきだろう。

もうひとつの問題は、高校野球の大会の多くがトーナメントで行われている点だ。トーナメントの一発勝負は、勝負根性を養うことができる。戦術面においても様々な手法を生み出し、野球の質を高める要素のひとつになっているのは確かだ。だが、この仕組みにおいては、負けることが許されない。

となれば、作戦面はより確実な方を選択していくことになるだろう。当然、投手の起用ではギャンブルを打てなくなるから、二番手以降の投手を育成していくのは困難だ。福岡大大濠が三浦に頼らざるをえなかったのも、無理からぬところがあるのだ。

もちろん、地区によっては大会の序盤（地域予選）で敗者復活を採用しているところもあるし、夏の甲子園の本大会ほど日程が詰まっているわけではないが、「負けることが許されないセンバツ出場を賭けた公式戦」である限り、複数の投手を育てるのは容易ではない。

一年間でもっとも盛り上がる夏の甲子園が一発勝負になることは仕方あるまい。しかし、夏の大会を迎える過程においては、選手をじっくり育成するための時間が必要ではないだろうか。プレーヤーズ・ファーストの観点から考えれば、この二点を解決していくことで、高校野球界は変わるはずだ。秋から春までの間をリーグ戦にしてセンバツ大会は開催しないか、あるいは現行の選考方式を改めるべきだ。

日本高野連の竹中は「試合に追いかけられているような、いまの状況は将来的には考えていかないといけない」と口にしているが、プレーヤーズ・ファーストという考え方に視点を持っていけば、答えは簡単に出るだろう。

もっとも、今年からタイブレーク制度が導入されたことに未来がないとは思わない。高校野球誕生から一〇〇年以上も掛かってようやくでき上がったルールとはいえ、新しいことの始まりだ。さらに、竹中が「タイブレークは次善の策。将来的には投球回数・球数制限などの導入もある」と口にしたことも大いなる進歩といえるだろう。

竹中は今後に向け、こう語っている。個人的には大きな決意表明と受け止めたい。

「タイブレーク制度の導入のためにこれだけの時間がかかったわけですから、投球回数・球数制限となるとかなりかかると思います。どのようなルール作りにも、納得がいく要素と理不尽だと思われる要素があります。この双方がどれだけの割合になれば（周囲に）理解してもらえるかが大事になってきます。（投球回数・球数制限は）現場から反対意見はありますけど、ＷＢＣでは投球制限をやっている。今年、日本で開催されるU18アジア野球選手権は球数制限を導入した大会になります。世界の野球でもそうなっている。そういった事情をいろんな人に見てもらって、さらなる制度導入の雰囲気づくりを醸成していかなければいけないと思う」

日本高野連が、プレーヤーズ・ファーストの考えでスピードをもって決断を下す存在になることを望む。

第七章　「楽しさ」を取り戻せ

甲子園の舞台ではたくさんのドラマが生まれてきたが、取材を続けてきた中で筆者がもっとも衝撃を受けたのは、二〇一五年の夏の大会である投手が発した言葉だ。

全国高校野球選手権大会は二〇一八年に第一〇〇回大会を迎えたが、前身の全国中等学校大会を含めると、歴史はすでに一〇〇年を超えている。二〇一五年は「高校野球一〇〇年」にあたる年で、二〇一八年の一〇〇回記念大会に先駆けて盛り上がりを見せた大会でもあった。

そんな二〇一五年夏の大会の決勝戦を控えたタイミングで、東海大相模のエース・小笠原慎之介（中日）が衝撃的な言葉を発したのである。

「今まで野球をやってきて楽しいと思ったことはないです」

小笠原は中学時代にも全国大会優勝を成し遂げている、いわゆる野球エリートだ。常に第一線で活躍して頂点にたっているというのに、高校で同じような結果を残そうとするその寸前に「楽しくない」と語ったことは、いまの野球界を象徴しているように思えた。

スポーツは楽しむもの——。「気晴らし」と意訳されるスポーツの元来の目的は「楽しみ」であるはずだ。しかし、いまの高校野球を頂点としたジュニア世代の野球には「楽しむ」感覚は薄くなっている。「甲子園一〇〇年」と銘打った大会で、最も優れた選手から出てきたそのような言葉が、ジュニア世代の選手全員からの嘆きのように聞こえたのは筆者だけではあるまい。

近年の勝利至上主義が加速したのは、九二年大会に起きた「星稜・松井秀喜の5敬遠」あたりからだろう。その試合後に、投手に敬遠を命じた明徳義塾・馬淵史郎監督が口にした「勝利至上主義」という言葉は、批判を受けた一方で、「勝つための手段」というメッセージにもなってしまった。その流れから生じた二〇一五年の〝小笠原発言〟は、勝利を義務付けられた高校球児にとっては当たり前のことだったのかもしれない。

とはいえ、そんな中にあっても、「楽しむ野球部」をつくりたいと口にした指導者がいた。それも「勝利が絶対」とされた私学でありながらも、「甲子園出場」を打ち出さずにチームづくりをして甲子園に導いた人物だ。

グアテマラで出会った野球観

それが、福知山成美高を春・夏六度の甲子園に導いた田所孝二である。現在は岐阜第一高で指揮を執っているが、彼の指導理念には今後の高校野球界に必要な発想がたくさん盛り込まれている。

田所は、日本の高校野球界におけるスポーツの捉え方が、海外のそれとはまったく違っていると語る。

「スポーツ、野球は、プレーしている時が楽しいはずなんです。メジャーリーガーですごい成績を残している選手は『楽しもう、楽しもう』と言わなくても、それが当たり前の中でやっているんです。ところが、日本は失敗したらダメ、エラーはいけない、勝たなあかん、と。そればっかりじゃないですか。負けたら終わりやぞ、という精神で戻るところがない。小笠原君の言葉は、高校野球をやっている人間の本音やと思うんです」

田所がそうした発想を持つようになった背景には彼の野球人生にルーツがある。

地元の福知山高を卒業後、関大を経て社会人の日本新薬でプレー、アマチュア最高峰の舞台、都市対抗大会出場の実績を持つ。現役を引退後、日本新薬の営業社員として六年間務めると、一念発起して青年海外協力隊の隊員として中南米のグアテマラに野球指導員として渡ったのである。

グアテマラでは、ＪＩＣＡの野球指導員として任務に当たったが、時にはプレーする機会にも恵まれ、田所は野球人として転機を迎えたという。

当時、グアテマラの代表チームは世界選手権の出場を逃したばかりで、新しいコーチを探していた。キューバ人監督が束ねるそのチームに、田所が引っ張り出されたのだ。

中南米という文化の違ったところで、さらには当時、〝アマチュア最強〟と呼ばれたキューバで有名な指導者であったファン・ゴメスと時間を共有できたことは、田所の野球観を大きく変えた。

「本当に楽しかったです。グアテマラには野球の指導員としていったんですけど、向こうのシステムは、日本のサッカーみたいに、トップチームがあって、その下にカテゴリーがいくつかあった。トップチームの選手はプレーをしながら下の世代を、僕は小学生を教えるというものでした。楽しかったし、面白かったです。野球にはこんな楽しさがあるというのを、改めて知りました」

日本で知っている「楽しさ」とはまた別の感情で野球ができたという。

「野球をやっている、まさにその瞬間が楽しいと思えました。日本の野球界でいう楽しさは、野球をやっていたことを語り合うことであったり、勝った経験をしたこと、いい友達ができたというような後からじわじわくるものばかり。プレーしている瞬間は微妙なんですよね。楽しさの定義が決定的に違うなと感じました」

バッターボックスに立つ気持ち一つさえ異なる。打ってやろうと楽しみに打席に立つのか、打たなければ後がないと悲壮な気持ちで打席に向かうのか――。日本の野球は後者だった。

「ファン・ゴメスと野球談議をよくしましたけど、彼が言っていたのは『日本はトーナメントで大会をやっているのが良くない。負けたら終わりの中でやっていると次のことを考えない。リーグ戦なら、いつも試合があるから考えに幅ができるし、精神的にもタフになっていく』と。日本の野球についていろいろと考えましたよ。円陣って何のためにしているのかとか、夜間に素振りして何のためになるのかとか」

二年間で田所の野球観は様変わりした。ＪＩＣＡの任務が終わり、それから福知山成美高校の監督に就任することになるのだが、田所は赴任する際に企画書を作っていった。

これから必要とされる高校野球のクラブづくりとは何かを訴えた提案書だ。

その内容が斬新だった。

高校野球で指導者をしている多くの人は高校時代に甲子園に行くことができなかった悔いなどがあり、その思いを指導者としてぶつけるケースが多い。そのため多くの指導者は「甲子園出場」を目標に掲げる。しかし、田所はそこを第一の目標にはしなかったのだ。

「甲子園を目指すようなチームではなくて、外国のようなクラブを作りたい。楽しくて、みんなが集まるようなクラブになれば、野球部員が増えて、生徒も集まってきていい循環ができます、と企画書に書きました。楽しいクラブだというのが伝わっていけば、人が入ってきますし、野球部員の進路も変わってくる。それまでの福知山成美（当時は福知山商）は高校で選手生活を終えた選手ばかりでした。長く野球を続けてくれる方が学校にとってもいいことですから、この方が得策ですよと理事長に言ったんです」

練習は「楽しむ」ことを念頭に置いたものばかりにした。

アップから全員が揃って一緒に整列するというのにはこだわらず、自由な時間を与えた。高校野球の基本のようなチームからすればダラダラしているようにもみえただろうが、事細かに指示をするのではなく、個々でメリハリをつけるよう促した。

「基本的にはノンプレッシャーです。でも、変な言葉を口にしたり、チンタラするのはご法度でした。練習をしっかりやるんですけど、失敗をしてもいいから野球が楽しいと思うように、力を抜くことを考えました。思い切りバット振って、思い切りボールを投げて、一生懸命に走る。それを徹底していこうと」

選手の能力の良し悪しを判断する手法もシンプルだ。中学時代の実績を重視することはなかったし、フリーバッティングで打球を遠くに飛ばすからといって重宝したりもしなかった。

実戦形式のシートバッティングを多く取り入れるのだが、メンバーを限定することなく、部員全員に参加させて緊迫感のある空気をつくり出すことで効果を狙った。

「みんなから視線を浴びてプレーするのは大事なんですよね。例えば、ある非力な選手が打席にたつと、口の悪いやつが『こんなやつに打たれたら恥やぞ』と言うんです。でも、これは罵声ではなくて、投手からしたらプレッシャーにもなりますよね。そこで非力だった子が打つと、みんなが『おー！』と手を叩いて声を出す。盛り上がりますよね。そういうことを繰り返していくと、その非力だった子が学校にニコニコして登校し始めるんです。それまではおどおどしていた選手たちが、徐々に変わっていくのをみるのは面白かったですね」

結果を出した選手を試合で使うという方針にすることで、指揮官から怒られるという余分なプレッシャーではなく、自分からレギュラーを勝ち取るという強い気持ちが生まれるのだ。先に書いた、グアテマラと日本の選手の打席に立つ気持ちの違いのようなものだ。

試合での作戦も楽しむことがメインだ。高校野球の常套手段とされる送りバントは全くしないわけではないが、細かい野球をしようとは思わなかった。選手たちが楽しめば、それでいい。そんな感覚だった。

もっとも、当初は選手からの異論もあった。中学時代にそれなりの実績を積んだような選手は勝つための野球を叩き込まれている。田所が「楽しい」野球を標榜したところで、「これでは勝てない」と感じる選手が存在したのだ。ある選手と交換日誌をしていると、田所の戦術への不満が書かれていた。

「一つずつ送るべき」

「ミスしたら負ける」

「こんな野球をやっていたら、甲子園にはいけない」

高校野球らしさという観点に立てば、もっともらしい意見だろう。だが田所は独自の野球論で諭した。

「バントしたいか？　思い切り打って、真ん中に投げて、力勝負で行って、積極的に走る。それでええやないかって話しましたね。そうすると、『バントはしたくないけど、自信がないんで……』というんですよね。それだったら、打てるように練習したらええんちゃうかと。僕はそういう考えで指導しました。高校野球では、ランナーが出たら送らなあかんとか、そういう野球をしないといけないとみんな根底で思っているんです。常に言い続けたのは、身体が小さくても、ホームランを狙ったらいい、と」

田所の野球は奇抜で楽しい。長く甲子園で高校野球を観てきた筆者も、打順の組み方や作戦面などで田所采配に驚かされたことがある。ある試合では打撃のいい剛球投手を二番バッターに起用していた。その選手は左打者で引っ張るのが得意だからという。一方、四番は俊足の好打者だ。チャンスを併殺打で終わらせないのが狙いだ。

また、走者が二塁にいる絶好のチャンスで、身体がそれほど大きくない打者がヒットを狙うのではなく豪快に振りに行っている時もあった。見ようによっては無謀なフルスイングだが、これにも田所の意図はあった。

走者を二塁に置いたケースは守る側からすると失点を防がなければいけない。二死なら相手の外野守備は決まって前進守備を敷くが、一死でも打者が非力なタイプだと前を守ってくるのだ。特に、福知山成美には背の低い選手が多かったから、相手の外野が前に来ることが多かった。

そんな時に田所が口にしたのは「思い切り打て」だ。理由は、よく考えれば簡単だ。

「相手が前を守っているのに、センター前ヒットを打って点が入るか？　外野の頭を越した方が早いやろ！」

小さい選手であっても、思い切り振っていくことを求めたのはこのためでもあった。当然、入部したての頃は外野の頭を越すという概念はない。しかし、三年間、田所のもとで学んでいくと、失敗を恐れることより、どんどん積極的になっていくのである。

「高校野球は三年間しかないから、選手として完成させなくてもいいんです。大学やその次のステージで学んでくれたらいい。甲子園には出たい気持ちはあります。出ないと楽しくないというところもあるんで、譲れないところもあります。むしろ、（甲子園出場の）チャンスが来たときは、勝ち取りたいと思っています。ただ、甲子園出場だけを追いかけるのは少し違うかなと思っています」

田所が指揮を執った最後の十二年間は、春・夏・秋のどれかの大会で、京都府大会の決勝戦まで駒を進めている。楽しさを追い求めながら貫いた野球で後から結果もついてきたのは、そのやり方が間違っていなかったことの証明だろう。

もともとの企画書で、増やすことを目指していた部員数も、就任当初の三〇人程度から一〇〇人を優に超えるのが当たり前になった。最後の数年は一五〇人にも上っていたという。それほど、田所の目指した野球が認知されていた。まさに企画書にあった野球部になっていたのだ。

田所は二〇一四年、福知山成美の校長に就任したため、監督職を退いた。校務が忙しく、野球部をみられないからだ。任期を終えた二〇一六年に学校を退職し、岐阜県にある岐阜第一で指揮を執っている。今年が三年目のシーズンになる。

二十数年の指導で、田所は感じていることがあるという。それは教育者としての立ち位置はもちろん、野球の指導に携わる人間として海外の世界を肌で感じたからこその知見でもある。

「国際大会などで日本が戦った時に、大量得点差での盗塁などが議論されますよね。

『点差があっても、一生懸命やるのが日本の野球だ』という人もいますが、僕は違うと思います。『松井秀喜選手の5敬遠』など、ルールに書いていなくてもしてはいけないことが野球には存在すると思います。野球の楽しさか、勝つ楽しさかという議論になりますが、5敬遠は打ちたい選手と抑えたい選手の気持ちを奪って勝利を選んでいます。それは間違いやと思います。勝つことを最優先にする。それは楽しい野球ではないと思います」

食トレという拷問

「楽しさ」という意味において、いまの高校野球界が見失っているものがまだある。それは高校球児の「食」についてだ。

筆者はかつて一度だけ、ある編集部に依頼された取材がおわったあと、記事掲載を止めるように願い出たことがある。ある高校が身体づくりのために「食べる」ことを「トレーニング」とうたっていたのだが、このトレーニング手法が常軌を逸していると感じたからだ。

「食トレーナー」とおぼしき人物が、選手たちの体重をチェックして叱責。監督は「お前たち、監督が走り込みをしろといえば、歯を食いしばってでもついてくるだろう。食べるのも一緒だ。トレーニングだと思え」と「食」を強制していたのだ。「薬を飲むのと同じ」とある選手はいっていた。身体の中に流し込むだけ。甲子園に行くために、プロ野球選手になるために、生活の楽しみの一つである「食」が歪められていた。

筆者の願いは通じず、その取材記事は掲載されたのだが、同じような取り組みをする高校は後を絶たない。監督室に生徒の体重表があり、近くに体重計が置いてある。ご飯の重さを確認するはかり、二リットルの容器に敷き詰められたご飯等々、高校野球界では「食トレーニング」が大流行している。

そんな高校野球事情のなかにあって「食事は楽しくないとダメだ」と語る甲子園常連校の監督がいる。日大三高・小倉全由《まさよし》監督である。

甲子園二度の全国制覇を誇る名監督のひとりだ。二度の優勝はともに、強力打線を看板に、圧倒的な力で甲子園を勝ち抜いたものだ。筋骨隆々とした体つきの選手たちがフルスイングして相手投手を粉砕していく。二〇一一年夏の甲子園決勝戦では、光星学院を一一―〇で圧倒した。大学を経由してプロに進んだ高山俊（阪神）が五番バッター、四番には横尾俊建（日本ハム）がいた。小倉監督の教え子には他にも近藤一樹（ヤクルト)、山崎福也(オリックス)、関谷亮太、吉田裕太(共にロッテ)、坂倉将吾(広島)、櫻井周斗(DeNA)などがいる。彼らはいずれも恵まれた体格をしていたが、小倉監督は食トレーニングを課さなかったという。

「自分は無理に食べさせようと考えてこなかったですね。運動する選手であるならどんぶり飯を三杯くらい食べなきゃだめだろうとは思ってはいますけど、こちらの指示通りに食べなければ、食事の席をたってはいけないとか、ご飯のグラムを計ったりはしないです。食事は楽しく食べるものだと思っています」

小倉監督が「食トレーニング」を嫌う理由は、食事に「楽しさが必要」と考えているからだ。これは日大三を指揮する以前、監督を務めていた関東一高での経験による。

大学卒業後の一九八一年に関東一高の監督に就任した小倉が、当初の指導の根幹としていたのは日大三高時代に学んだものばかりだった。それは野球のスタイルだけではなく、練習の厳しさ、そして寮の食事に関する作法にまで及んだ。正座をして、音もたてず、静かに食べる。談笑もせずに食事をとるというのが日大三の食事における伝統だった。「修行僧のようなんですけど、『これが作法だ』と教えていた」と小倉監督は回想する。

そんな空気を不思議に感じ取ったのが、監督就任一年後に結婚した小倉監督の奥さんだった。十六～十八歳の少年がつまらなそうに食事をとっている様子に違和感を口にした。

「『なにあの食事？　おかしいよ』と女房に言われたんです。最初は日大三ではこうしてきたんだ。余計なことを言うんじゃねぇって言ったんですけど、『食事って楽しく食べるものでしょう。お父さんやお母さんと今日は何があったって、笑いながら食べるもんじゃないの』と。よくよく考えてみれば、そうだよなぁと思ったんです。それで翌日から食事の仕方を変えたんです。喋っていいぞと言って、テレビも付けるようにしました。そうしたら、チームの空気が一気に明るくなったんです」

当時から今も小倉監督は選手たちと一緒に食事をとっている。楽しい雰囲気の中でチームメイト同士が語り合う食事の場が、チームワークやチームの色となって野球を楽しむ環境ができあがると考えているからだ。監督がいるからといって空気が悪くなるのではなく、一つのコミュニケーションの場としてチーム力に醸成されていく。小倉監督が食事は楽しいものにするべきだと考えるようになったきっかけだ。

さらに、小倉監督は選手たちが食への意識を持つために「食べたい」と思う環境づくりについても考えるようになった。

「それまでの関東一高の寮の食事はいまひとつだったので、選手たちが自ら食べるようになるには食事を改善しなければと、おいしいものを食べさせるように学校に頼みました。シダックスさんに入ってもらって、栄養バランスをコントロールしながら、おいしい料理を出してもらった。すると、食への意識が変わりました。まず選手たちが食事を楽しみにするようになったんです。それでどんどん食べるようになった。身体ができると同時に甲子園初出場を果たせたんです」

一九八七年の春にはセンバツ準優勝を果たすほどの成果だった。

とはいえ、小倉監督は、一九九七年に日大三に監督として招かれると、食トレーニングのようなことを課した時期がある。関東一高で作り上げた選手の肉のついた身体と当時の日大三を比べるとあまりに貧弱だったからだ。「ごはん三杯」を必須として、選手たちに食べさせていた。

しかし、上手くはいかなかった。選手たちは我慢して食べようとはしたが、席を立ち上がると吐き出した。その姿を見て、小倉監督は「食事は〝餌〟にしちゃいけない」と悟ったのだった。「食べることに楽しみがなくなったら、子どもたちの成長にはマイナスになる」と楽しい食事という原点に立ち返ったのだった。

必要なのは選手たちが食べたいと思う環境づくりだと小倉監督がいう。身体を大きくしたいと考えた選手は少しでも多く食べようと考え、身体の成長とともに食べる量を増やしていく。たくさんの食事を摂る先輩を見て、自分たちも先輩のようになりたいと意欲を持つという作用もある。毎年のように、強力打線を形成している日大三がそうした考えのもとに実践しているのだから、いい例といえるだろう。

おそらく、食トレーニングを採り入れている指導者は多くの練習を課しており、それによって消費されるエネルギーを多くの食事を摂らせることで埋め合わせようとしているのだろう。練習時間を減らせば、技術力習得の時間が足りなくなる。それを避けて身体をつくるには、過剰な練習量と過剰な食事量でバランスを取るということだ。無理強いもいいところである。

小倉監督は一つの問題点を指摘する。「高校球児の〝心の機械化〟」だ。

「甲子園に行きたいから、あそこに目標があるからといって、子どもたちの心まで機械化させてしまっているんじゃないかと思うんです。甲子園に行くためには、これをやらなきゃダメなんだといって、機械の一部みたいに高校球児を扱っている。食事のことはその一例なのではないでしょうか。子どもには心があるのだから、そこを大切にして育んでいかなきゃだめだと思う。監督がいい顔をして、選手もいい表情でノックを受ける。選手たちがいい雰囲気の中にいたら、おのずと成長していくと思います」

苦痛に顔を歪めて食事をとる子どもたちの姿に何も感じないとしたら、指導者の姿勢として根本的に間違っている。小笠原の「楽しくない」発言は、それこそ小倉が言う「心の機械化」の成れの果てといえるだろう。

田所は「勝つ野球」と「野球を好きにさせる」指導の違いによって生まれる循環をこう指摘している。

「楽しい野球で育った子は、子どもに野球をやらせる、あるいは指導者になるんじゃないかと思っています。なぜなら、野球は楽しいものだと知っているから伝えることができる。

一方、勝利だけを目指してきた人は、『俺は昔、こんな努力をして、こうして勝ったんや』と語ります。『俺らの時は苦しかったんや。殴られたし、水も飲まんと千本ノックを受けて努力をしてきた』というんです。そんな話を今の子どもたちにして、野球をやりたいと思いますか？　『野球は楽しい』と感じている人の方が、良い伝え方ができるんじゃないでしょうか」

甲子園の大舞台で「野球が楽しいと思ったことはない」と高校球児が語るのは危機的状況といえる。この現実を野球界は肝に銘じなければならない。

第八章　甲子園出場を果たした「日本一の工業高校」

不思議な空気ではあった。誰もが現実問題として理解しながら、ただただ高校野球人気に目を伏せているような、複雑な空気が混在していた。

二〇一七年四月二十七日の木曜日、神宮球場。日大三―早実による春季都大会決勝戦が平日のナイターで開催された。甲子園の切符が掛かっているわけでもない試合を、果たしてこれほど盛大にやる必要があるのか、翌日に学校があるというのに……。高校野球の異常さを感じずにはいられなかった。

試合は予想外の展開となった。日大三がエース櫻井周斗（ＤｅＮＡ）を温存したこともあって投手陣が総崩れとなり、ホームラン七発が飛び出る大打撃戦の試合になったのだ。終盤三イニングで両チームが合計二十四点を奪いあう展開で延長戦に突入した。最終的に延長十二回、一八対一七で早実がサヨナラ勝ちしたが、試合時間は四時間を経過し、神宮球場の時計の針は二十二時を超えていた。

当然のことながら、批判の声は挙がった。高校生が平日の夜遅くまで課外活動をしていてよいのか――。批判の多くは「教育論」によるものばかりだった。当日、同じ時間帯で開催されていたプロ野球の試合全てよりも、東京都大会決勝の方が遅くまで試合をしていたことも、そうした教育上の問題を指摘する声に拍車をかけた。

周知のように高校野球は部活動だ。勉強があって部活動がある。「高校野球（部活動）は教育の一貫である」というような言葉がよく使われるのも、高校の部活動はあくまで学校教育の中にあるということを言いたいからだろう。高校野球に人気があるからといって特別なことが許されるわけではない。

そもそも、この春季都大会決勝が異例の平日ナイター開催になったのには理由がある。早実には清宮幸太郎（日本ハム）という高校野球界のスターがいたため、通常使用することが多い神宮第二球場では観客が入りきらない。神宮球場での試合を検討したところ、平日のナイターしか方法がなかった。その試合が延長十二回に及ぶ大熱戦となったのだ。

そうした事情があるにせよ、教育的な観点から二十二時を過ぎる時間まで掛かった試合の在り方に疑義が挙がったのは当然のことだ。ただ、高校野球をめぐる「教育論」のおかしなところは、こうした常識外のことが「高校野球人気」のもとに、うやむやにされている点である。

元阪神タイガースのマット・マートン選手がかつて、朝日新聞のインタビューで、日本の野球環境について痛烈な指摘をしている。

「一つのことに没頭する日本人は、野球の練習を八時間することもある。半面、人生において大切な教育がおろそかになってしまいませんか。スポーツだけを続け二十代後半から三十代でやめたら、どうやって生きていくのでしょうか。僕も野球を終えた後の人生でやりたいことがたくさんある。少し残っている単位を取るためにまた大学に戻って勉強をしたい。残りの人生を豊かにしたいのです」

長時間練習が甲子園出場に繋がったことや深夜までの練習が「感動ストーリー」としてメディアに描かれるのは高校野球ぐらいだろう。教育的観点がどこにもない異常な環境は考え直すべきだ。

工業高校としての「文武両道」

そうした高校野球界にあって、教育者の立場を崩さない指導を続けて結果を出している監督がいる。沖縄県の県立・美里工業で指揮を執る神谷嘉宗だ。

都城東（宮崎）でキャリアをスタートさせた神谷は、八重山、前原、中部商、浦添商と渡り、二〇一一年、美里工へと赴任した。それぞれのチームを県大会上位進出に導き、前任の浦添商では二〇〇八年夏、甲子園ベスト4に導いている。そして、二〇一四年には美里工業にとって創部初となる甲子園出場を実現している。

神谷はどの学校に行ってもベストチームをつくり上げる。

ただそれだけではなく、勉強にもしっかり取り組ませる。「文武両道」という言葉は学力に長けた学校がスポーツで結果を残した場合に使われることが多いが、神谷は学力が高いか低いかは文武両道と関係ない、と言う。

神谷は自らの指導理念をこう説く。

「生きる力をつけるのが高校教育の仕事であるという使命感を持っています。甲子園に出場できても、その選手が将来、仕事も何もできない人間になったらかわいそうですからね。甲子園を通過点として、生きる力をちゃんとつけてあげないといけないと思っています」

この言葉が甲子園に一度も出場したことのない学校の指導者ならキレイゴトに聞こえ

考えるかもしれない。実際は甲子園に出場していなくても教育者としては間違っていない考え方なのだが、「結果＝甲子園出場」が物差しになっている高校野球界では、発言はチームの成績に比して重みを持つ。「甲子園〇〇勝した監督」「甲子園優勝監督」という表現がメディアに躍るのはそのためだ。

神谷は、勉強とスポーツのどちらでも結果を残すことに全力を尽くしている。沖縄県でも無名だった美里工を県内有数の強豪に育て上げたチームづくりには参考にすべき点が多い。

先述したように、美里工は二〇一四年のセンバツに初出場を果たしている。神谷が監督に就任して四年目の快挙だ。その一方、二〇一四年度、ある分野において美里工業は「日本一」に輝いたのである。

その分野とは、第一種電気工事士の国家資格の合格者数である。その数は五十三人で、うち野球部員は三十人が名を連ねた。さらに、ジュニアマイスター全国特別表彰に二人の野球部員が表彰された。

なぜ、神谷は高校野球で勝ちながら、工業科の生徒たちにとっての文武両道を実現させてきたのか。

「子どもたちに常々言っているのは、将来、人生の勝利者になれるかということです。いかに社会に出てから仕事をちゃんとやって、幸せな人生を送るか。そのためには高校時代に勉強して、会社に入るのが大事だよ、と。そうすれば幸せになれるし、好きなことができる。いまの勝ち負けではなくて、生涯賃金がどうなるかが人生においては大事なんだ、という話をします。そうした話をしていくと、将来のことを考えるようになり、勉強をすることはもちろんですが、周りを見る目が出てくるようになります」

　生涯賃金とは大胆な言葉である。しかし、冷静になって考えてみれば、どれだけ夢や希望を抱いても、生きていくために何をすべきかを整理していかないことには未来は開けてこない。

　甲子園出場を目指して上位に入りたい、あるいはプロ野球に入りたいと夢を持つことは大切だが、実際にプロに進める選手は限られているし、たとえプロに進めたとしてもいつかは引退する。「野球」を取っ払ったときに何ができるのか。神谷は生徒達に、目標をもちながらも、生きるための目的を失ってはいけないと説いているのだ。

「普通の高校では大学に行くための基礎知識や成績を上げることが、専門高校ではその学校の専門性を生かした資格を取ることが、将来の生きる力につながる」

神谷は、普通公立校では英語の勉強をメーンに全体の学力向上を目指した。商業高校では簿記や情報処理などの資格を取るように促した。そうすることで、就職するときに役に立つと考えたのだ。現在の美里工業では、工業科の資格取得を目指すよう促している。

とはいえ神谷は、美里工業に赴任するまでは工業系の高校でどういう勉強をしていくことが将来に役立つかを知っていたわけではなかった。だが、それまで文武両道を生徒に実践させてきた中で、偏差値が高い学校にもそうでない学校にも、必ずそれぞれに良さがあるのだと思っていた。そこで、神谷は本土に渡り、野球で強豪校といわれる工業高校を回った。工業系の強豪校がどういう風に野球との両立を実践しているのかを模索するためだった。

「僕は工業で教鞭をとるのが初めてだったので、野球に真剣に取り組んでいる九州地区の工業高校に視察に行きました。ある学校では国家資格の講習を受ける必要がない学科に野球部を入れるという話を聞きました。なぜかといったら、講習があったら練習が十分にできないからだそうです。僕は、それは違うんじゃないかなと思いました。かえって工業の良さを生かして、いい就職を目指しながらやるべきだと考えました」

神谷は複数枚からなる資料を差し出し「工業高校ってすごいんですよ」と同校に赴任した当時に感嘆した事実を明らかにした。

一枚目は工業系の進路状況の資料だった。就職先には沖縄電力をはじめ、中部電力、西日本高速道路、ＡＮＡ、サンエー、日本コカ・コーラなど大手企業の名前が並ぶ。さらに「工業科の先生がみたら、その価値が分かる」というもう一枚の資料には、野球部員が取得した国家資格の数々が列挙されている。ある選手は、実に十二個の資格を持っていた。電気工事士一種、二種をはじめ、危険物取扱者、航空特殊無線技士などである。

「工業には国家資格がたくさんあるんです。これをしっかり取れば就職に困らない。特に今の日本は工業系の人材が不足しているので仕事がいっぱいあるんです。そして、どこも給料がいい。工業関係の就職は賃金が二、三割高いんです。一〇〇〇人以上の社員を持つ大きい一流企業に入ると、中小企業の大卒より給料が高いというデータも出ていて、そういう話をしていくと選手たちは目を輝かせます」

工業高校の資格取得は就職に直結する。それも小さな企業ではなく、誰もが知っている大企業だ。この特異性は、甲子園やプロを目指しながら、同時に目標として掲げるべきだと神谷は目を付けたわけだ。

工業高校の資格取得はそう簡単なものではない。講習だけではなくて実技もあるため、時間を要するのだ。だが、神谷は就職に有利になることを生徒らに話すことで、資格取得をノルマに掲げる指導理念を貫いたのだ。この発想こそ、神谷が教育者として優れているゆえんにほかならない。

自ら役割を自覚していく生徒たち

もともと神谷は授業の態度や日常生活には厳しかった。それは生きるために必要だからだ。そこにプラスして美里工業では資格取得というノルマを設定した。練習に参加できるのは、しっかり日ごろの授業を受け、工業科の講習を受けた上で資格を取得したものだけだ。とはいっても、あらかじめ、生涯賃金の話をしているから、生徒たちはやらされた気持ちにはならないのだという。

「工業科の資格取得に関しては、一つ取れば、それが成功体験となって、あれもこれもと勉強するようになります」

商業科や普通公立校では昼休みの時間を使って勉強にあててきたが、工業高校の資格取得は実技もあるため、朝六時四十分から講習を受ける。選手たちは朝練と並行しながら文武を両立させているという。そう簡単なハードルではないが、夢を追いかけながら、生徒たちは将来も見据えているのである。

もっとも、神谷は勉強や資格取得を生徒らに求めているからといって野球の指導者としての立ち位置を置き去りにしているわけではない。公立校としてできうる限りのチームづくりは行っている。甲子園出場を実現するために、日ごろの練習も内容が濃い。

「チームが強くなっていくためにはしっかりと練習を積むというのが一番です。公立校ですからいい選手が集まってくるわけではありません。入部してきた子たちを鍛えていかないといけないので、創意工夫をしてやっています。全員野球をモットーにしていますので、夏の大会の開会式の前日までメンバーを決めず、最後までほとんど全員が練習に参加しています」

実戦練習を多く取り入れ、アメリカが本場のクロスフィットトレーニングを練習メニューの中に組み込んでいる。県外遠征の一つとして、八月には関東遠征に出ていく。野球部としてのチームのモットーは、「凡事徹底」「闘志前面」「全力疾走」「走姿顕心」など七つにのぼり、また選手たちだけの決まり事もたくさんある。時間を惜しむように、選手が入れ代わり立ち代わり次の練習メニューに励もうとする空気は私学強豪校のそれと大きく変わらない。

特別扱いの選手を作らず、普段の練習からメンバーを絞らずに最後の最後までベンチ入りの可能性を賭けて選手たちを競わせる。どれだけ部員が多くても全員で同じ方向を向くというチームづくりを実践しているのだ。美里工では文「部」両道という造語にしているが、まさに文武両道を実践している。

ただ、こうした神谷の取り組みは単に文武の両方で結果をだすということだけにとどまらなくなっているというのが最近の傾向らしい。

というのも、ある時から夏の大会以前に、三年生の複数名がベンチ入りを諦め、チームをサポートする役割に回ると監督に打診してくるようになったからだ。柔和な表情が特徴の神谷がさらに柔らかくなって、彼らが銘打ったサポートチームの名前を教えてくれた。

「工支援(こうしえん)です」

その由来は「工」業を「支」えて「援」護するという意味だ。対戦相手の偵察など、グラウンドの内外でチームをサポートする役を担うという。

全国の高校ではベンチ入りメンバーから外れそうな選手を意図的に仕向けて、その役を担わせるチームは珍しくはない。しかし、美里工は選手自らが甲子園出場を果たすために自身の立ち位置を意識し、その役をやりたいとメンバー発表のはるか前から言い出すそうだ。おそらく、神谷が「生きる力」という考え方のもとに指導をしているから、そうしたマインドの選手が生まれるのではないだろうか。自分の実力やチーム内での立ち位置、自分がどうしたいかに加えて現実を直視できる力を身に着けていることの証左ではないか。

神谷は力説する。

「甲子園という目標と、将来の生き方の両方を追うと、人としての幅が広がります。最初はわからないかもしれませんが、三年生になったら子どもたちは落ち着き、大人になっていく印象を受けます。野球だけしかやっていなければ、一つがダメだったらすべてダメになるじゃないですか。そういう子は『工支援』という応援団にも回れないです。この子たちは、全体の生き方を考えながらやっているから、そういう周りを見る目が生まれてくるのだと思います。それが生きる力だと思います」

社会にはいろんな人材が必要だ。第一線でバリバリやる人もいれば、それをサポートする人もいる。会社では外回りをする営業が稼ぎ、内勤がそれを支える。当然、その上にはリーダーとしてチームを引っ張る人材がいる。「チームにもいろんな人が必要ですから、それを感じてくるようになる」と神谷は言う。

甲子園に行くことはできた、その代償として仕事も何もできない人間になった、では、何のために高校に通わせたのか分からない。神谷の指導は、高校生の時期に大事なものとは何かを投げかけている。

平日にナイターで公式戦をすることは歓迎すべきことではない。高校野球人気のもと、部活動だけの「成果」を求める考え方は改められるべきではないだろうか。

神谷は言葉に力を込める。

「野球には、練習に耐える力やあいさつができるようになったり、マナーが分かる、あるいは先輩・後輩の精神が養われるなど、たくさん得られるものがあると思います。でも、それはどこのカテゴリーの野球チームでも教えられると思います。高校というのは勉強を教えないといけない。その学校の特徴があるわけですから、それを教えないと高校教育ではありません。高校野球と普通の野球を一緒にしちゃいけない。高校野球として、指導者にはやるべきことがある」

十六〜十八歳なら、変わることができる。「この時期に頑張った子どもは、野球だけでなく、すべてにおいて一生懸命に頑張ることができる」と神谷は信じている。

甲子園という舞台は魅力的だ。純真無垢な高校生が夢を追い、それを実現させる姿は感動を呼ぶ。しかし、彼らにはまだその先の未来がある。甲子園という夢を追うことは素晴らしいことだが、生徒たちが高校で身につけなければいけないことをすっぽかしていいということではない。

甲子園の舞台での勝利にのみこだわり続けている「名将」たちに、神谷の言葉はどう響くだろうか。

第九章　偏差値70超えのスーパースターが誕生する日

前章で紹介した美里工業の取り組みは、「工業高校の文武両道」である。

この章で紹介するのは、幼少期から勉強に取り組み、私学の強豪で主力として活躍した二人の〝文武両道プレイヤー〟だ。一人は二〇一七年のドラフトでロッテから一位指名を受けた安田尚憲選手（履正社）。もう一人は二〇一八年春のセンバツで、史上初めて二年連続の優勝投手に輝いた根尾昂選手（大阪桐蔭三年生）である。

なぜ私学の強豪校から生まれたスター選手の文武両道について取り上げるかというと、彼らの取り組みが、これまでの高校野球の選手育成はどこかで考え違いをしていたのではないかという疑問を突きつけてくるからだ。

プロスポーツのアカデミーなどの取り組みにも同じように感じるが、育成が成功しているケースの多くでは、「その競技だけ」に専念するという手法をとっていない。文武両道というレベルではないかもしれないが、割く時間のすべてが一競技ということではないのだ。

メジャーリーガーが多く輩出しているドミニカ共和国には、MLB全球団のアカデミーが創設されているが、英会話の勉強や教養を身に付ける授業が存在するという。もちろん、メジャーで生活していくための下準備という側面もあるが、こうした授業は技術習得と同じくらいに大事にされているようだ。

また、あるJリーグクラブの高校生年代チームは「知育、体育、徳育」を選手育成のテーマに掲げている。Jリーグの加盟クラブに入ろうとするような選手は目立つ存在だったことが多く、問題行動に発展することが過去にあったからである。街のスクールに所属していた時代から脚光を浴びていたある選手は、親が能力を買いかぶり、甘やかされたことで、「プロを目指すためにはサッカーさえやっていればよい」というマインドになっていた。普通の高校生なら身に付けているはずの躾がなされず、それが成長の足かせとなった。

それに気付いたこのクラブは、システムの改編を行った。大学と提携して付属の高校にユースの選手を通わせ、寮生活で選手をきっちり管理する育成手法を取り入れた。そして、バランスの良い人間性を育むため「知育、体育、徳育」を選手育成のテーマとしたそうである。

一方、日本の野球界はというと、長時間練習をすることが良しとされる風潮があり、私学の強豪校などは寮を完備して専用の野球場で練習に打ち込んでいる。すべての練習が終わるのが夜になることもある。そんな状態で翌日の授業を受けて、集中できるはずがない。

〝甲子園メディア〟は文武両道を実践する公立の進学校を礼賛する傾向にあるが、実は選手の育成に欠かせないのはバランスの良い人間づくりだ。アカデミーで成功している分野を見渡せば一目瞭然である。

安田・根尾という、高校野球の強豪校から文武両道を実践して成功を収めた選手が輩出した事実は、改めて育成の在り方を再考するきっかけになろう。

では、彼らの「勉強」は野球とどうつながっているのだろうか。まずは、二〇一七年に筆者が高校時代の安田にインタビューした際の言葉を紹介していこう。

小学校時代から歴史書を愛読

「父親が日本史、社会科の教師というのもあって、小学校のころから歴史が好きでした」

そう語る安田の語り口は、とても落ち着いている。画一的な言葉を並べる高校球児が多いなか、知的な印象を受ける。幼少期から歴史書を読み漁ってきたことが物事の理解を深めてきたと本人は語る。

「当時は細かいところまで意味がわかっていなかったと思いますが、歴史の本を多く読みました。偉大な人たちから学んだのは、歴史に名を残す人は信念がぶれないなぁと。僕もそんな人間になりたいと思います」

安田が野球で高い技能を発揮しながら、勉学でも結果を残してきた背景には家族の影響が大きい。父親が大阪薫英女学院高校の女子駅伝部監督で社会科の教員。そして、十二歳上の兄・亮太は、今も社会人で活躍する野球選手だ。

「野球を始めたのは兄の影響が大きいです。物心がついたときには野球場にいて、自然と野球を始めていました。僕にとって兄は目標です。兄は高校からＰＬ学園に進学したので、一緒にいる時間がそんなに長くはなかったんですけど、いろいろアドバイスをくれました。野球のことはもちろん、『お前から野球をとったら何も残らないといわれるような人間になるな』といわれてきました。最近は英語も勉強しておけといわれます」

小学一年生で野球を始めたが、同時に勉強はしなければいけないものだという考えが、家庭環境から自然と身についた。小学校のときは毎日、最低三十分は机に向かったという。

歴史に興味を持つようになったのは社会科教諭の父親の影響だ。多くの書物を手に取った。歴史を知るための読書をする過程でわからない言葉があれば自分で調べ、そのなかで培ったものは大きいという。

「小学校のころから難しい本を読んでいました。好奇心みたいな気持ちがあったと思います。司馬遼太郎さんの『梟の城』などを読みました。内容がわからないと、本って読んでいても面白くないじゃないですか。基礎知識みたいなものは絶対に必要なので、その都度、調べて言葉の意味を理解するようにしていました」

その際に安田が身につけたのが、考える力だった。勉強をしなければいけない環境があって、そのなかで歴史に興味を持った。わからないことを鮮明に理解していくことで物事の道理を学んだと安田はいう。

「勉強をやっていることが野球にもつなげられるようになったのは高校生になってから

ですが、いまになって思うのは、考える力がないと成長の度合いは違うということです。指導者からいわれたことをどう受け止めるかが（成長の）スピードに関わってくると思います」

指導一つ、起用法一つ、そのなかに自身が考えるべき物事がたくさんあって、それを理解できない人は遠回りする。安田は実体験を通じ、そう感じてきた。

「例えば、指導者から怒られたり、試合の途中で交代させられたりすると最初はへこみますけど、そこからどう考えるかが選手にとって大事なことです。なぜ自分が怒られたのか、なぜ自分は交代させられたのかを考えられないと、いつまでも自分自身を変えられないと思うんです。他人を見ていても感じます。理解できていない人が多いなぁと。指導者にいわれたからやるのではなく、自分で考えて練習をやってみる。こうしてみれば次は結果が出るんじゃないかと思い浮かべて練習することは大切だと思います」

スポーツは記憶力と二つのそうぞう（創造・想像）力が必要と言われている。良かったプレー、そうでなかったプレーを記憶しておき、自分の中で、次はどうしていくかと想像して、創りあげ（創造）ていく。そのためには、安田がいうように「考える力」を習慣づけていくことは肝要だろう。

安田の母校・履正社を指導して三十年になる岡田龍生監督は、安田のようなタイプを指導するたび、人が成長するために「勉学」が及ぼす意義を感じるという。

「勉強ができるほうだったオリックスのT‐岡田や阪神の坂本誠志郎のときも感じたんですけど、結局、選手にとって大事なのは理解力を持っているかどうか。意図を感じてない選手が育つのは容易ではないと感じます。勉強とは習慣なのだと思います。勉強ができないのではなくて、勉強をしてこなかっただけなんです。勉強をすれば点数がとれることがわかると、次のテストを頑張りますよね。そうやって勉強する習慣がついてきて、集中力が生まれてくるようになる。それが野球にも生きてくると思います」

野球の上達のために勉強をするということではなくて、一つの習慣ができるようになっていくといろんなことに波及していくということだろう。逆にいえば、その習慣がないと、すべてが悪い方向に影響を及ぼしていく。

選手個々の理解力によって、それぞれの選手に掛ける言葉も変わってくると、岡田はいう。大人である指導者が同じ目線で話をしてもわからないとなれば、目線を降ろすしかない。一方、安田のように大人目線の会話ができる選手であれば、それだけ高度な指導も受けられるというわけだ。

岡田は続ける。

「安田に関しては理解力が優れていると思います。そういう面では、指導方法としてはよりレベルの高い話をして導いてやらないといけない。安田への話の仕方は他の選手と違いますし、それは他の選手を蔑ろにしているわけではなくて、高度な話ができるから、そういうアプローチになっているだけなんです。安田のような理解力のある選手であれば、成長スピードが速くなるのは当然でしょうね」

小学生のときに、好んで歴史書を読みあさった習慣が彼のなかでの糧となり、それによって成長を遂げ、いまはプロの世界に足を踏み入れている。

プロ入り後の安田の評判がいいとメディア関係者からよく聞く。おそらく筆者が感じたような印象を誰もが受けているからだろう。彼にはこれから大きな壁が待ち受けているはずだが、これまでに培った彼の「考える力」は大きな財産となっていくはずだ。

安田はプロ入り以前、こんなことを話していた。

「兄からもよく聞くんですけど、大人の言動であるとか、振る舞いができない人は、社会の中で何もできないと。大人の人と話していて、語彙力が高かったり、言い回しがうまくできたりする人は本当にかっこいいと感じます。自分がプロに入ることになっても、勉強はしっかり続けていきたいです」

硬式のボールをピンポン玉のようにかっ飛ばす安田の姿からは想像できないが、彼の成長には勉強が欠かせなかった。

トップアスリートを育成しようと思えば思うほど、スポーツに没頭しやすい環境にはめ込んでしまえばよいと考えてしまうが、それではむしろ遠回りになる。どれだけ能力のある逸材であっても、文武を両立させることで培える力がある。安田のような理解力に長けた逸材の登場は、育成の在り方を考え直す一つのきっかけになろう。

スキーで培った体幹の強さ

大阪桐蔭の根尾にも、安田と同じ大人びた印象を受ける。

ただ彼の場合、高校入学まですべての教科で「オール5」を取る秀才でありながら、もう一つ、選手の育成を考えるうえで革新的な取り組みをしているという事実も見逃せない。その取り組みとは幼少期からスポーツのシーズン制を導入し、冬場はアルペンスキーを競技者としてプレーしていたことだ。

シーズン制とはアメリカの高校や大学などで取り入れられていて、選手たちは季節によって取り組む競技を変える。例えば春から夏までは野球をやり、秋はサッカー、冬はアメリカンフットボールというように、だ。アメリカではMLBとNFLの両方のドラフトに掛けられる選手がいるが、日本ではまず聞くことがない。それはシーズン制が定着しているか否かに違いがあるといえる。

根尾の場合、中学までであるものの、スポーツのシーズン制に取り組んできた。春から秋まで野球に取り組み、中学生の日本代表として世界大会に出場している。冬場は雪上に足を運んで全国中学校アルペンスキー大会で優勝し、こちらでも世界大会に出場しているのである。

今年春、七度目の全国制覇を果たし、中田翔（日本ハム）、森友哉（西武）、中村剛也（西武）など多くのプロ野球選手が輩出した大阪桐蔭の西谷浩一監督は、根尾にはこれまで育ててきた選手とは異なり、他競技で培われた力を大きく感じると語る。

「体幹がものすごく強いんですよ。チームの中でも抜けていて、体の軸がブレないんです」

根尾のバッティングを見ていると、最近の高校生にはあまり見ないスイングをする。一七七センチの根尾はプレースタイルとしては俊足好打者タイプだ。しかし、スイングは豪快で、ミートポイントを身体に近い所にまで引き寄せて振りぬいていく。中南米の選手のスイングのようだといえば分かりやすいかもしれない。

守備でも体幹の強さが随所に生きている。例えばボールにダイビングしたときの体勢の立て直しが速く、普通の高校生なら踏ん張り切れない所でも身体を上手く操作できる。走りながら投げるランニングスローも外国人の名手のように華麗に魅せる。

根尾は投手を務める〝三刀流〟選手でもあるのだが、ここでも体幹の強さを生かしたストレートは一五〇キロに届こうかという勢いだ。小さく見える身体のどこにそんな力強さが眠っているのかと感じるが、すべては体幹の強さが生み出している。

根尾自身もスキーで鍛えた体幹の強さに手ごたえを感じている。

「下半身を動かした上で、身体がブレないのがスキーで身に付けた力です。スキーでは頭が落ちるというか、前にぶれた時点で、それはミスになって転倒したり、バランスが崩れたりするんです。そうしないために身体がブレないように鍛えてきました。野球の体幹練習と中身がそれほど変わるわけではないのですが、スキーでは体幹を鍛える練習にかける時間が多いですね。守備でのダイビングで捕球したあとや体勢が悪くなったときの立て直しに生きていると思いますし、バッティングでは、自分の軸でボールをとらえた時は誰よりも力強い打球を飛ばせる自信はあります」

スポーツの世界では、四〜十二歳の間、いわゆる〝ゴールデンエイジ〟に運動神経が発達すると言われている。プレゴールデンエイジに始まってポストゴールデンエイジと言われる年代までに様々な動きをすることで、運動能力が高められるということらしい。

スポーツが習い事になってしまい、幼少期から一つの競技に専念することが普通になっているが、実は一つの競技に集中すると画一的な動きを身につけるだけになってしまい、神経系の発達には繋がらない。そのため、ゴールデンエイジから運動神経を刺激するには、複数のスポーツを並行してやる方が効果的なのだ。

根尾がプレー中に頭がブレず、体幹を使えたときに力強さを発揮できるのは、幼少期に体得した運動神経が人並み外れているからに他ならない。日本のプロ野球選手でも前田健太（ドジャース）や大谷翔平（エンゼルス）、菊池雄星（西武）のように小さいころに水泳をやっていたという事例はある。しかし、根尾ほどの高いレベルでスポーツのシーズン制を実践してきた選手は他にいない。いわば根尾の取り組みは選手育成の概念を変えうる可能性を秘めている。

勉強するのが当たり前

一方、頭脳明晰であることも根尾の特徴の一つだ。

実家が診療所を営み、両親がともに医者だ。その影響からか彼自身も勉学に励み、中学時代の成績は「オール5」。いまでも、私学強豪校の厳しい練習環境に身を置きながら、就寝前の三十分やバス移動の時間などに勉強や読書を欠かさない。

筆者は一度、根尾に書籍をプレゼントしたことがあるが、その際、最高の笑顔を見せて喜んだものだ。彼の表情からは「知的好奇心」の高さを感じずにはいられなかった。

勉強での取り組みについて、西谷監督は根尾をこう評価する。

「(根尾は) いろんなことに関して、完璧にやりたい。そういう選手なんです。野球をやっているから勉強が疎かになるのは嫌だし、勉強だけをやって野球は普通のレベルでいいと考えるのも嫌なんです。そういうタイプの選手はいままでいなかったです」

根尾は岐阜県の飛騨市で生まれ育った。三人兄弟の末っ子で、物心がついたときにスキーを始め、野球は小学二年から兄にならうようにチームに入った。年を追うごとに二つのスポーツにのめり込んでいったが、それでも勉強は欠かさなかったという。

根尾は人口がそう多くない地域に住んでいたから「環境に恵まれたんです」と勉強に取り組んだ小学生の頃をこう振り返っている。

「小学校のころから勉強が好きというわけではなかったのですが、やって当たり前という環境ではありました。家族もそうなんですけど、周りがみんな勉強をしていたので、負けたくないという気持ちが生まれていたんです。小学校の生徒数が少なかったので、友だち同士、お互いを意識できましたし、先生が個別授業に近い形で教えてくださっていたので濃密な勉強ができました」

中学生になってから生徒数が多い学校に入ったものの、習慣の力は強く、それからも根尾の中から勉強が外れることはなかった。

「先生方は僕たちが知らないことしか教えないわけですから、それを教えてくださるんだと思って聞いていました。授業が終わったら、今日はこういうことを学んだなと、ノートに整理する。オール5を目指していたわけではなく、どの教科でも手を抜かないという意識を常に持っていました」

中学時代の成績は常にトップを走っていた。野球でもすでに一四〇キロを超えるストレートを投げるなど〝スーパー中学生〟と騒がれテレビにも取り上げられたほどだ。

根尾はスポーツと勉強の両立を続けてきて気づくことがあるという。

「最近、思うようになったのは、時間がたつのが早く感じるということです。自主勉強の時間は一日三十分くらいしかできていないんです。消灯前の時間や寮から学校に行く前の時間、バスの中で勉強をしているんですけど、そのおかげもあって集中力が高まっているのは感じています。短い時間でしっかり勉強をしなければいけないという気持ちで練習にも励むので、集中力が高まって時間がすぎるのが早く感じるようになっているんです」

中学生まではある程度、勉強の時間は確保されていた。しかし、そうでない中で、工夫を巡らせる姿勢が自身の中に芽生えつつあるというのは興味深い話である。

根尾は続ける。

「勉強をやらなかったら、その時間に他のことができるのかもしれませんが、後になって『やっておいたらよかった』という気持ちになるのが嫌なんです。好きでやっているのではなく、やった方がいいことをこなしているという感覚ですね。ちょっと嫌なことでもできるようにした方が、周りとの差は付けられるかなと思います。僕ができないことをやっている方々は本当にすごいなと思います。それは勉強でも、野球でも同じです。

もっと学びたいですし、盗みたいと思っていますし、できることならマネしたい。得た方がいい、知っといた方がいいということに対しての欲は強いです」

根尾と話をしていて感じるのは、勉強への取り組みにしても、野球への向き合い方にしても、貪欲であるということだ。では、根尾自身は文武両道の良さをどう感じているのだろうか。

「知らなかったことを知ることができるとか、できなかったことができていく。その瞬間が嬉しいです。得意なことは勉強の教科にしても、野球にしても伸ばす努力をします。そして一方、分からないことや（野球で）できないことに直面したときは、理解していく努力をして（苦手を）消していくことが大切なのかなと思います」

苦手であっても、やらないといけないことだと覚悟を決めて取り組む。その中で、わからないことがわかっていくことの快感は、彼が文武両道を実践してきた中で得てきたことといえる。文武両道を実践し、二つの競技をトップレベルで高めてきた根尾のスタイルは、アスリートの理想形といえるかもしれない。

西谷監督は根尾の芯にある部分に着目するという。

「個人競技をやってきた強みというのもあるかもしれないです。根尾はチームで群れようとしたりはせず、一人でなんでもしようとする。何事にもブレることはないですし、そこは根尾の強さなのかもしれないですね」

この夏で根尾は高校野球から離れることになるが、これからはプロ野球選手、そしてその先にはメジャーリーガーという道標が待っている。どこに行きたいと具体的に語ることはないが、おそらく彼は高い所に目標を設定しながら、どの世界にいても目の前のことを大事にするという姿勢は崩さないだろう。

卒業するまでにどのような高校生活を送りたいか、と以前に尋ねたことがある。彼の真っすぐな言葉には圧倒された。

「社会の中に出たときに生活できる力を身につけておきたいですね。まだ知らないこともあるので、三年生までにできることをしっかりやって、身につけられるものを全部身につけて『僕は大阪桐蔭で三年間をすごしました』と胸を張れるようになりたいです。自分がどれだけできるようになるかだと思うので、できることをしっかりやって次の段階に進んでいけたらと思います」

今年二月、文科省が部活動の週休二日制のガイドラインを発表した。地方自治体では、ガイドラインに沿った部活動運営を遂行していくと表明しているところもある。そうした流れに対して、メディアや指導者の中には反対意見をいう人物も多くいる。

根尾が幼少期から培ってきたことや、実践していることを見ていると、長い練習時間を確保できることや一つの競技に専念することが、その競技の技能を高めるための効果的な方法とは言えないと思えてくる。週に最低二日間の休みがあり、勉強する時間があり、休日には他の競技にも取り組んでみる余裕があれば、結果的に競技の能力や運動神経を高めることにもつながるのではないか。

「安田尚憲」「根尾昂」という文武両道のスターの存在は、高校野球の育成の在り方を世の中に突き付けている。

第十章　高校球児の「模範的態度」と「個性」

高校野球の取材を重ねてきて、〝高校球児らしさとは何か〟について考えを改めるようになった。

品行方正にみえる凜々しい姿を高校球児としての正しい姿のように思っていたが、それ以前に「彼らは高校生なのだ」という考えを持つと、見方が変化した。というのも、高校野球があまりにも形式的なものにとらわれ過ぎていると感じる機会が増え、高校生が持っている本当の個性や内に秘めたエネルギーの発動にブレーキをかけているような物足りなさを感じるようになったからだ。きっちり挨拶ができないことや眉毛を少し剃っている選手がいるだけで「態度が悪そうだ」と思い込み、負のイメージを増幅させる。そうではなく、「それも一つの個性だ」と思うと、高校生らしくてむしろ良いと受け止めることができるようになった。

第七章で紹介した田所孝二がかつて指揮した福知山成美は自由なスタイルが持ち味だった。〝小さい選手でもホームランを狙ってもいい〟。型にはめようとしない田所の指導方針は選手の個性を引き出した。

一方、当時の福知山成美の選手たちの眉毛は多種多様だった。剃り上げてまではいなかったが、手入れをしている選手がいて、品行方正とは言えなかった。また、挨拶ひとつにしても、選手それぞれが異なった姿勢でグラウンドの訪問者に対応していた。帽子を取って挨拶する選手がいれば、帽子はかぶったまま頭を下げる選手、素通りしてまったく挨拶をしない選手、シャイなのか首だけ頭を下げる選手など、一律ではなかった。

細かいことを言わない田所の方針はそういうところにも表れていたのだと思う。日本高校野球連盟や、高校野球の美徳を大事にする人たちからすれば受け入れられないかもしれないが、選手たちの個性を育み、力が発揮されているのだとしたら、高校生らしさを失わせていない指導という見方ができる。

高校野球の取材をしていると「態度」というフレーズが時に選手やチームを評価するファクターになっていると感じるが、もともとの人間が持っているエネルギーから生まれる個性が生かされているかどうかは、指導者や大人たちが考えるべきことのように思う。もちろん、人間性は重要な部分ではあるものの、ボタンのかけ違いに気づいてやることで、それらが好転することも往々にしてある。

変貌した「神戸のやんちゃくれ」

態度や個性で思い出す高校の一つが神戸国際大附属高校だ。

二〇一七年、創部して初めて春・夏連続の甲子園出場を果たした神戸国際大附は、近畿地区有数の強豪校として知られている。甲子園初出場が二〇〇一年のことで、坂口智隆（ヤクルト）らプロ野球選手が多数輩出している。

二十八年に渡ってチームを率いてきた青木尚龍《よしろう》監督はその道のりをこう振り返る。

「昔の言葉でいうと『硬派』というんですかね。正々堂々と戦っていこうと。ベテランの監督さんたちからしたら、『そんな考えやから、お前はいつまでも勝たれへんのや』と言われると思いますけど、勝ち方とか、負け方とか、去り際を大事にしてきました」

とはいえ、その神戸国際大附がこれまでにたどって来た足跡は決して明るいものだけではなかった。〝神戸のやんちゃくれ〟の集まりだと揶揄され、非難の対象とされていた時期が長くあった。

日本聖公会に属するキリスト教の学校として創立された八代学院から、いまの神戸国際大附と名前が変わったのは一九九二年のことだ。校名変更以前から指揮を執ってきた青木は、母校である同校の系譜をこう語る。

「僕らの時代に野球をするのは、自分自身が野球が好きだからというのもありますけど、『親の言うことを聞かないから野球でもやって鍛えてもらえ』とか、『やんちゃなやつが問題起こす時間をなくす』という意味でやらされていたところもありました。野球がなかったら不良になっていて、高校を辞めているやつもいたと思う」

有り余るエネルギーがある男たちは、野球に没頭することで、持っている能力を発揮した。ダイナミックなプレーを好み、失敗を恐れない個性派集団だった。

しかし一方、彼らのエネルギーは、プレーに気に食わないことがあったりするとよからぬ方へと流れてしまうことも少なくなかった。思うようにいかないとマウンドや地面を蹴り上げる、悔しさあまって道具を叩きつけるなど、自分本位な一面が時として出てしまっていたのだ。そういう態度を〝やんちゃくれ〟と見る人も多かった。

そんなチームが世間から注目されるようになったのは、二年生エース・坂口智隆を擁して、二〇〇一年の春のセンバツ甲子園に初出場を果たしたころからだ。打席では卓越したバットコントロールを見せ、投手としては県内有数の選手だった坂口の存在は神戸国際大附の名を世間に知らしめた。

坂口は兵庫県大会でノーヒット・ノーランを達成したことがあったし、金刃憲人（元楽天）を擁して公立の雄との評判だった市立尼崎との試合では、九回に五点ビハインドをひっくり返す劇勝をみせたこともある。

だが、坂口が大記録達成など派手な活躍をみせる一方、世間から取りざたされたのは彼のちょっとした行動だった。青木が回想する。

「個性派集団とよく言われましたが、『個性』っていうのはいいように捉えてくれる分にはいいんですけど、違う見方をされたら〝やんちゃ〟とか〝ゴンタ〟なやつという言われ方をするんですよね。坂口はグラウンドでは目立つプレーをよくしたんです。ノーヒット・ノーランも一つですけど、それを個性とほめるのか、あいつが悔しいことがあってエルボーガードを叩きつけたら〝態度が悪い〟と非難するのか。捉える側の違いやと思うんです」

「個性」を悪い方にみようとする大人が多く、青木や神戸国際大附は、世間からやっかみのような仕打ちに度々あった。

最もひどかったのは、先述した二〇〇一年のセンバツ初出場決定の際だ。悲願達成が叶った日の夜、青木は当時の校長先生の自宅に呼ばれ食事をとっていた。すると突然、学校から電話が入った。その内容は「野球部員が長田署で補導された」というものだった。

しかし、青木が慌てて長田署に駆け込むと、そんな一報はなかった。

「『長田署に、神戸国際大附の部員が補導された』という電話が入って、絶対そんなことがあるはずはないんですけど、とにかく長田署に行きました。そして、『神戸国際大附の野球部の青木と言いますが、うちの生徒がこちらにいると聞いてこさせてもらいました』というと、警察署の人たちは『は？』っていう反応なんです。そんな事実はないんです」

ただの嫌がらせだった。県内では神戸国際大附へのやっかみはたくさんあり、「試合前に生徒が漫画を読んでいるようなチームに負けたのは悔しい」と同じ志を持っているはずの指導者の陰口が聞こえてきたり、あるいは選手の勧誘に行くと、ライバル校の監督が神戸国際大附の悪評を吹き込んでいるという噂にも遭遇した。

眉毛にケチをつけた高野連

二〇〇四年の神宮大会での出来事もまた、神戸国際大附を有名にした。

同校は二〇〇四年、秋季近畿大会を制して二度目のセンバツ甲子園出場を確実にし、神宮大会に出場した。その際、部員全員を五厘刈りにして大会に臨んでいたのだが、その頭髪以上に注目されたのが薄く短く剃り上げられた眉毛だった。

ナインのイカツイ眉毛は、神宮大会がＣＳ中継をしていたこともあって、高校野球界ではちょっとした話題になったのだ。

青木は苦笑交じりに頭をかく。

「当時、気合を入れるためという理由で、選手たちの髪形を五厘刈りにしていたんです。しかし、頭が青っぽくなって眉毛が濃かったらアンバランスですよね。高校生にしてみれば、恥ずかしいと思うのも当然でしょう。いまなら分かるんですが、当時の僕の認識が甘かったです」

しかし、その眉毛を日本高校野球連盟が見逃すはずがなかった。

翌年、神戸国際大附がセンバツに出場すると、ある日の試合前、日本高野連の田名部和裕事務局長（当時）が青木とナインのもとへやってきて、厳しく質してきたのだ。高校生らしくないと思ったのだろう。

「監督、そして、君、ちょっと来なさい。君の眉毛な、いま、こんな（短さ）やねん。私ら、見とくよ。夏の大会までどうなっているかずっと見とくからね。今後、（眉毛は）いじらないって約束できるか？」

同大会で神戸国際大附はベスト4まで勝ち進んだ。大西正樹（元ソフトバンク）、有元一真の二人の投手が活発な打線とうまくかみ合い、勝ち上がっていった。

眉毛事件は大問題にはならなかったものの、一部では話題だった。

ただ、この話には続きがある。あれから十二年が経った二〇一七年、創部以来初の春・夏連続甲子園出場を果たした神戸国際大附のナインのなかに、かつてのような眉毛をしていた選手は一人としていなかった。

それだけではない。夏の甲子園二回戦では前年準優勝の北海（南北海道）を相手に、二年生の谷口嘉紀の三ランで逆転勝利を飾った。三回戦の天理（奈良）戦では延長戦の末に敗れたものの、手に汗握る展開を見せて去っていったのだった。

試合のハッスルプレーは健在で、個性を打ち出しつつ、試合後のインタビューはとても凜としていた。泣きじゃくる風でも、敗戦に不機嫌な態度を取る風でもなく、気丈に振る舞う彼らの取材時の姿勢は模範的だった。

指導者がつくり出す環境次第で、チームやその組織に所属する人間はいかようにも成長していける。かつて眉毛事件で騒がれたチームとは思えないほどの変化には、教育というもののヒントがたくさん隠されていると感じずにはいられなかった。

「甲子園はホンマいい舞台やと思うんですよ。いろんな経験・出会いがあります。何が何でも勝ちたいとか、何をしてでも勝って甲子園に行きたいとまでは思っていませんが、大会を勝ち進んでいくと面白いことに立ちあえる」

同年の夏の大会後、青木はそう語っていたが、野球に真剣に取り組み、外からのやっかみに耐えながら、野球で人間性を律していった育成手法といえるだろう。

言い方は悪くなってしまうが、子どものころからスポーツしかしてこなかった〝運動バカ〟が日本の野球界にも多くいる。しかし、本来スポーツをやることの意味は、スポーツを通じて人間性を育むことではないだろうか。

これはこの章の冒頭にも書いたように、エネルギーの発動をどこに向けるかに関係しているように思う。見た目や高校球児らしいという判断のもとで人を評価して決めつけてしまうのではなく、「高校生らしさ」と受け止め、彼らが持つエネルギーを正しい方向へと導いていく。それこそが本当の教育なのではないか。

青木はしみじみと語る。

「人間、誰でもそうなんだと思うんですけど、お腹を真っ二つに割ると、『ちゃんとせなあかん』という想いと、『ええやんけ、好きにやろうぜ』の両面が常に喧嘩していると思うんです。僕の経験も含めてのことですけど、自分の思い通り行けへんからってイキった態度をとるのは、気持ちが違うところに向かっているからなんです。『ちゃんとせなあかん』という気持ちの方が勝った人間は、態度で見せつけようとは思わなくなる。そして、少し大人の考えができるようになって、エネルギーは一つの方向に向いていくと思うんですよ」

腹のなかの二つの戦いに打ち勝つことでエネルギーを一つの方向に向けた男たちは強かった。野球をするグラウンドだけではなく、日常生活の礼儀や学校での授業態度も律していけるようになるのだ。

青木は力説する。

「『野球は好きでやっているんやから、それを大事にしたいんやったら、他のこともしっかりやらなあかん』と。これは、どこの学校の監督もいっていると思いますけど、うちの部員たちはエネルギーを出す方向が変わったので、自分に甘いことをしなくなりました」

もともと備えていたエネルギーを正しい方向へ向けていくことで、しっかりと自分の考えを持つようになって成長する。「野球を通しての人間形成」とはまさにこのことだ。神戸国際大附のナインは、高校野球をとおして人としての成長を遂げた一例といえるかもしれない。

先述した昨夏の甲子園二回戦で逆転本塁打など大会二本のアーチを架けた副主将の谷口は、同校に入学してからの自身の成長をこう振り返っている。

「野球をやる前に大事なことがあるというのは、このチームに来てから知りました。僕が甲子園で二本もホームランが打てたのは、去年の四番バッターの猪田さんにかわいがってもらえたからだと思います。猪田さんからバッティングのいろんな話をしてもらったので、技術力の引き出しができました。野球をする以前に人との関わり方を上手くしてきたことは大きかったなと感じています」

得手不得手ではなく、人間はエネルギーをどこに持っていくかでその人生を変えられる。「あいつは頭が悪いから野球だけをさせておけばいい」と、大人たちは英才教育のようにスポーツ、あるいは一つのことに没頭させようとする。誰にも得意分野があり、不得意なものがあるが、それを分け隔てて考えていくのではなく、得意なものを極めていくうちに不得意なものまでを克服できるように仕向けていく。

一人の人間が持っているエネルギーは、仮に間違った方向に向けられていたとしても、後天的に方向を変えていくことで、人間力に昇華させることができるのではないか。

日本ハムの育成哲学

人間のエネルギーに着目し、選手の育成を円滑に進めているプロ球団がある。二〇一六年に日本一に輝いた日本ハムファイターズである。

いい選手を生み出すためには、素材が良くなければいけないのはもちろんだが、それを生かす土壌がなければならない。日本ハムはファームに「選手教育ディレクター」という役職を置いて、スカウティングと育成の相互作用を図っている。

その選手教育ディレクターを務める本村幸雄は自身の役割をこう説明する。

「プロ野球選手も社会人の一員という観点から、いち社会人としての生活、行動を大事にすることが必要であると、生活指導の役職を務めさせていただいています」

〝野球だけをやっていればいい〟という発想では、選手としての伸び率に影響する。そう考えた球団は、人としての社会性を重視する選手教育を盛り込んだのだ。

チーム編成部のスカウト部長を務める大渕隆はいう。大渕は神奈川県で高校野球の監督をしていた本村をチームにヘッドハンティングした人物である。

「チームは『スカウティングと育成で勝つ』という、会社でいう企業理念を掲げています。しかし、理念を掲げたのはいいことだけれど、果たしてその受け皿がファイターズにあるのか。過去に育成面で上手く行かなかったこともありましたので、選手の人間教育をしっかり下支えできる、寮長という形ではない人物が球団には必要じゃないかということで、本村にその役に当たってもらっています」

本村が当時からいまに至るまで取り組んでいるのは、一般社会に出たときに活躍できる素養を身に着けさせるということだ。

「人間性を重んじることと主体性。二本を柱にして取り組んでいます」

指導内容の大枠をそう説明した本村によれば、指導する中で大事なことに生活面の充実と目標設定を挙げる。人間性を高めてから野球をするという観点からスタートし、指導者が上から命令するのではなく、選手自身が掲げた目標設定の下に自ら動ける人間力を育むという。

ファームの中で最初に取り組んだのは、靴を揃える、ごみの分別といったごく当たり前のことからだった。これを数カ月の間に選手は取り組むようになった。そして、並行して取り組んだのが目標設定と日誌、読書の習慣だ。

目標設定とは、シーズン前期、シーズン後期と分かれてあり、まず前期終了までの目標を立てる。「最高の目標」を最大到達点に、「中間の目標」↓「絶対できる目標」と段階的に振り分けられる。経過目標というのもあり、どれだけ目標に向かって進んでいるかをチェックできるようになっている。

「自分で何をやらなければいけないのかが分かってくると、考える力がものすごく付きます。指導者が見ているからやるのではなく、練習は自分のためにやるものだから、誰が見ていようが見ていまいが一生懸命やるという風に変わると、結果まで変わるようになります。目標設定というのは動機付けなんです。『頑張れ』と人はいいますが、では何を頑張るのか。そこを目標設定で形にする。日々、コーチにいわれたことを実践していけば、目標への筋道が明確になっていく。たったそれだけのことなんですけど、字に起こすことが大事なことだと思う」

意外に思うかもしれないが、高校球児が取り組んでいそうなこれらの取り組みを、プロ野球選手であっても真剣にこなすのだという。本村は当初、その点を危惧していたのだが、杞憂に終わった。

「最初は僕が高校野球の指導でやってきたことをプロ野球選手にやらせようとしても、やらないかもしれないと思っていました。しかし、そうではありませんでした。プロにくる子たちというのは意識レベルが高いということなのだと思います。『成功したアスリートがやっている』『一般社会では当たり前のことだ』と話をすると、選手たちは一生懸命に取り組みます。もちろん、すぐにできない子はいます。高卒三年目でやっとできる子もいれば、大谷翔平（エンゼルス）みたいに最初からできる子もいますけど、彼らの意識の高さには驚きました」

筆者が高校時代に取材を通じて知っていた選手として西川遥輝がいる。昨季、二年連続のベストナインと盗塁王のタイトルを獲得したリーグを代表する外野手だ。

西川は智辯和歌山高校時代からその能力への評価は高かった。一年春から公式戦に出場。いきなり四試合連続本塁打の華々しいデビューを飾るなどポテンシャルをみせつけていた。しかし一方、試合では全力疾走しないことが多く、態度に物足りなさがうかがえた。眉毛は細くしていたし、高校球児としての振る舞いには課題が垣間見えた。スカウトとして調査に向かったという大渕も「高校でのグラウンドの姿勢は褒められたものではなかった」と語っているほどだ。

しかし、本村の話によれば、西川のファームでの取り組みは相当レベルの高いものだったという。日誌をマメに書き、目標設定も的確で、練習量もかなり多かった。高校時代の西川の印象を本村にぶつけると、意外というような表情でこう返してきた。

「僕と西川は同時期にファイターズに入ったんですけど、会った瞬間から、やる選手だなというのは感じました。何とか野球で食っていきたいというオーラ、活躍したい意欲を感じました。おそらく、高校の時からそういう想いを持っていたんだと思います。ただ、そのエネルギーが違う方向へのアピールになってしまっていたのかなと思います」

西川は、そうして持っているポテンシャルをいかんなく発揮して、成長を遂げたのだった。

とはいえ、西川の成功は偶然ではない。日本ハムの育成が優れているのはこの点だ。大渕や地区の担当スカウトは選手個々のポテンシャルに加えて、どんな性格かをマメにチェックしているのだという。つまり、エネルギー量や自分で考えて行動できる力を潜在的に持っているかを調査している。態度が悪いとしたら、その原因はどこにあって、本来の性格はどういう人間なのか。家庭環境、兄弟構成、中学時代の評判まで及ぶこともある。態度は生意気でも、自分の考えをもってやり通せるタイプなら、世間の評判などは全く問題にしなかった。

大渕の証言が実に興味深い。

「他球団の多くのスカウトは、噂を流したがりますよね。『態度が悪い』『生意気だ』とか。ウチは、そういうところで差別化をはかれているという自負はあります。他球団が『ダメだよ、あんなやついらない』と野球以外の部分で切り捨てていった選手を、マメに調査して、拾う。そして育てる。実際、生意気だったとか、そういうのが噂になる選手って、それそのものがエネルギーに変わる要素の一つだったりするんです」

選手の獲得はGMが最終的に判断するが、選手のエネルギー量や考える力がどれだけあって、それがプロに入っていかされるのかどうかを見極める。そのうえで本村らファームの教育環境によって、選手を育てていく。

日本には野球ばかりやらせる「野球学校」や、部活をさせずに勉強ばかりさせる「がり勉学校」が多くある。得意なものに没頭させようと親や教育者たちがよりよい環境を作っているようにもみえるが、人間それぞれが持つエネルギーは、もっといろんなものに向けられるのが自然な姿だろう。

個人的に思っているのは、野球で頑張る力のある選手は、勉強や日常生活など他のことでも同じような成果を挙げられるし、一方、勉強をやり遂げる集中力を持った子は、運動をやらせればある程度のレベルには行くのではないかということである。人間の能力にはそれぐらいの幅と対応力があるはずだが、「甲子園に行かせたい」「有名な大学に行かせたい」と大人の都合によって可能性を狭めているのが、いまの教育の現状になっているように思えてならない。

高校球児らしさとは何なのか？　若い彼らが持つエネルギーの発動を「態度」などで制限するのではなく、大きな力として認めてやる。そして、それを正しい方向へと導いてやるのが、指導者や大人の役目であろう。

高校野球の歴史は一〇〇年を超えた。その中で、多くの人間が「高校野球はこうでなければいけない」と思い込んでいる。だが、本来の高校野球は「教育」の一過程であり、スポーツである以上、楽しくやるべきものだ。高校野球が一〇〇年で積み上げてきた歴史は素晴らしいものだが、高校球児らしさは時代とともに変化していく。

甲子園大会が一〇〇回を数えたいま、我々は「甲子園」にこびりついた考えを一度洗い流し、再考してみるべきだと思う。

おわりに

これまでの取材経験を振り返ってみると、「高校野球の魅力に取りつかれた十五年」だった。自身も甲子園をほんの少しの間だけ目指した高校野球という世界は、本当に夢を見させてくれるものだ。

しかし、取材を続ける中で現実も見た。それが本書で紹介した数々のエピソードだ。ただ、誤解してほしくないのは、ここで取り上げたエピソードの数々は、指導者や高校野球を支える関係者の方々を批判し、つるし上げるためのものではない。本書の目的は、隠れていた事実に目を向けることによって、これからの甲子園がどうあるべきかを問うことである。虐待ともいえる投手の登板過多や熱中症、球児の気持ちを無視した「松井の5敬遠」のような策、考える力を球児から奪う長時間練習、生きる楽しみを奪う食トレーニング……。いまの私は、高校球界で蔓延しているこうした事態を「常軌を逸している」と感じ、その理由をこうして記すことができた。だからこそ、過去のことは非難の対象にするのではなく、「そういう時代だった」と考えられるようにして、終わりにしたいのだ。

これまでの一〇〇年を総括して、新しい考え方で新しいステージへ向かおうということだ。

二〇一八年四月十七日、東京都内で「Cambio（カンビオ）ベースボール・ミーティング二〇一八」が開催された。野球人口が減少の一途をたどるなか、日本の野球界を変革しようと、プロスペクト株式会社と少年硬式野球チーム堺ビッグボーイズを運営するNPO法人BBフューチャーが発起人となり、プロ野球や学生野球から少年野球までの指導者や関係者、整形外科医、プロ野球OB、マスメディア関係者など二十七人が参加した。

「Cambio（カンビオ）」とはスペイン語で「変化」を意味する。今の野球界の諸問題に正面から向き合い、変革していこうという志をもった人物ばかりが集まった会合だ。二〇一八年が二回目で、僭越ながら筆者も参加させてもらった。

ミーティング内容は、野球界の未来を創造するというものだった。活動報告では日本ハムファイターズのスカウト部長・大渕隆氏が野球界の競技人口減少の現状をたっぷりと語り、慶友整形外科病院慶友スポーツ医学センター長の古島弘三医師からは少年野球における子どもの肩や肘の障害についての報告などがあった。そのほか、参加者のほぼ全員が、今の野球界について感じていることなどをぶつけ合った。

彼らの先頭に立つのは、ＤｅＮＡベイスターズの筒香嘉智選手だ。同会の発起人である少年硬式野球チーム「堺ビッグボーイズ」のＯＢである彼は、二〇一七年に同チームの小学部のスーパーバイザーに就任している。

シーズンオフに毎年、堺のグラウンドを訪れる筒香は二〇一七年と二〇一八年の二年に渡って、いまの野球界全体の問題点、特にジュニア世代の指導について、「変化することが大事だ」と訴えた。

二〇一七年の初頭、筒香はこう語っている。

「二〇一五年にドミニカのウインターリーグなど、海外の指導をされている様子を見させていただいて、日本とは対極的な指導法だなという印象がありました。日本は子どもたちに対して答えを与えすぎているように思いました。でも、それは短期的な結果を選手たちに求めているからであって、教えている人はすぐによくなってほしいと考えていたと思うんです。でも、子どもたちのことを考えたら、いま勝った・負けた、そのためにすぐよくなるよりも、将来にどうなっているかの方が圧倒的に大事になってくると思います。そこを我慢して、一歩引いたところから見てほしいと思います」

筒香が語ったことのすべてが的を射ていると言うつもりはない。ただ、彼は自身の経験から、海外の野球文化に触れることができた。その中で感じた「指導の違い」というメッセージは、プロ・アマに関係なく、どのカテゴリーにおいても参考にすべきことであろうと思う。

筒香は人生の出会いの中から、中南米の野球を経験するなど、日本球界では少し違ったアプローチをして成長を遂げた。「自分がプロの世界で活躍することでメッセージを送ることができると思う」と過去に語っていたことがあったが、筒香からは、変化の激しい現代社会の中で、置き去りにされた感のある野球界も変革を起こさなければいけないとのメッセージが発せられていたように思う。

「Cambio ベースボール・ミーティング」に参加して思うのは、現在の野球界に問題意識を感じている人物が少なからずいるということである。大きなうねりではないけれども、高校野球界の変化を求めている関係者はいる。

ただ、一人では動けないという現実もある。私も投手の肩や肘の問題を地道に報じ続けていて、数年前までは賛同してくれる人たちは少なかったが、いまは仲間たちも増えている。

この本がどれほどの影響を及ぼすかは分からない。だが、もし現状の高校野球界、つまり甲子園の存在やその在り方に疑問を感じて悩んでいる人たちがいたら、本書がその一助になればと思っている。

本書では十五年の取材経験を経て感じたことを書き上げることができた。媒体で配信した原稿では、時に各所に気を遣ったり、媒体の色を傷付けないようにと忖度したものだが、本書は余すところなくすべてを書き記すことができた。取材に協力してくださった選手や指導者の皆さんには感謝を申し上げたい。不躾な質問に不愉快になった方もたくさんいたかと思うが、「野球界をよくしたい」という同じ志に免じて、ご寛容いただければ幸いである。

また、本書は経済メディア「NewsPicks」で連載した原稿を主なベースとしている。

連載の機会を与えられたこと、そして「NewsPicks」というニュースアプリによって記事の感想を読者からダイレクトに知り得たことが書籍化につながったのは間違いない。「NewsPicks」および「書籍にするくらいの連載をやりましょう」と編集を担当してくださった中島大輔氏に御礼を申し上げたい。

今回の書籍化は、甲子園一〇〇回大会に合わせて八月の刊行を目指した。相当な無理を承知で、実現にご尽力いただいた新潮社の横手大輔氏にもお世話になった。忖度なしに私自身の積年の想いを記すことができたのは横手氏のおかげである。

甲子園は素晴らしい舞台だ。

夏の甲子園予選の地方の開会式に行くと、気持ちが高揚する。最後の舞台を前にした選手や指導者は、とてもいい表情をしている。高校野球は素晴らしいし、甲子園は目指す価値のある舞台だ。だからこそ、時に有望な選手たちを潰す場とするのではなく、もっともっと高校球児たちのためになる舞台となって欲しいと心から願っている。

二〇一八年七月

氏原英明

氏原英明　1977（昭和52）年ブラジル・サンパウロ生まれ。スポーツジャーナリスト。奈良新聞記者を経て独立。共著に『指導力。高校野球で脱・勝利至上主義を目指した11人の教師』。

Ⓢ新潮新書

779

甲子園《こうしえん》という病《やまい》

著　者　氏原英明《うじはらひであき》

2018年8月20日　発行

発行者　佐　藤　隆　信

発行所　株式会社新潮社

〒162-8711　東京都新宿区矢来町71番地
編集部(03)3266-5430　読者係(03)3266-5111
http://www.shinchosha.co.jp

印刷所　株式会社光邦

製本所　株式会社大進堂

ISBN978-4-10-610779-5　C0275

価格はカバーに表示してあります。

Ⓢ新潮新書

201 不動心 松井秀喜

選手生命を脅かす骨折。野球人生初めての挫折。復活を支えたのは、マイナスをプラスに変える独自の自己コントロール法だった。初めて明かされる本音が詰まった一冊。

405 やめないよ 三浦知良

40歳を超えて、若手選手とは親子ほどの年齢差になっても、まだサッカーをやめる気なんてさらさらない――。そんな「キング・カズ」がみずから刻んだ思考と実践の記録。

719 生涯現役論 佐山展生 山本昌

地道な努力と下積みをいとわず、「好き」を追究しつづける――。球界のレジェンドと最強のビジネスマンの姿勢は驚くほど共通していた。人生100年時代に贈る勇気と希望の仕事論。

767 コンビニ外国人 芹澤健介

全国の大手コンビニで働く外国人店員はすでに4万人超。ある者は8人で共同生活し、ある者は東大に通い――。なぜ増えた？ 普段は何をしている？ 知られざる隣人たちの実情とは。

766 発達障害と少年犯罪 田淵俊彦 NNNドキュメント取材班

負の連鎖を断ち切るためには何が必要なのか。矯正施設、加害少年、彼らを支援する精神科医、特別支援教育の現場などを徹底取材。敢えてタブーに切り込み、問題解決の方策を提示する。

Ⓢ新潮新書

748 外国人が熱狂するクールな田舎の作り方　山田拓

なぜ、「なにもない日本の田舎」の「なにげない日常」が宝の山になるのか？　地域の課題にインバウンド・ツーリズムで解決を図った「逆張りの戦略ストーリー」を大公開。

744 日本人と象徴天皇　「NHKスペシャル」取材班

戦後巡幸、欧米歴訪、沖縄への関与、そして続く鎮魂の旅――。これまで明かされなかった秘蔵資料と独自取材によって、象徴となった二代の天皇と日本社会の関わりを描いた戦後70年史。

742 軍事のリアル　冨澤暉

現代の軍隊は戦争の道具ではなく、世界の平和と安定の基盤である。自衛隊を正しく「軍隊」と位置づけ、できることを冷静に見極めよ――。元陸上自衛隊トップによる超リアルな軍事論。

702 ADHDでよかった　立入勝義

正面から向き合ったことで、「障害」は「強み」に転じた。実は世の天才、成功者も「ADHDだらけ」！　アメリカ在住20年の起業家・コンサルタントが綴った驚きと感動の手記。

672 広島はすごい　安西巧

マツダもカープも、限られたリソースを「これ！」と見込んだ一点に注いで大復活！　独自の戦略を貫くユニークな会社や人材が次々輩出する理由を、日経広島支局長が熱く説く。